新自然主義

2022的學倫

獵巫事件簿

阿通師談林智堅
論文門始末

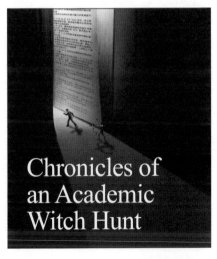

Chronicles of
an Academic
Witch Hunt

洪浩唐 著

目　錄

第一章　重啟那道「論文門」

一、阿通師的退休生活

二、認知作戰又一經典

三、嘗試以不同角度來講同一件事

第二章　學術歸學術

一、起源：阿通師的選舉學

第三章　選舉歸選舉

第四章　大學歸大學

第五章　政治歸政治

一、驚見「文革」模式的批鬥

二、陳教授如何成為陳局長

三、論文淪為 CP 值最高的鬥爭工具

第六章　脊梁歸脊梁

推薦序
此一學倫冤案何時平反？

　　當年林智堅論文爭議事件，就引起我相當的注意，一再追蹤它的來龍去脈。當時，我還相信此案一旦進入臺灣大學的學術倫理審查委員會，一定會有個水落石出，真相總會出現。但是當爭議變成林智堅是不是抄襲另一個也實質由陳明通教授指導的碩士生余正煌的論文時，我就發現事態不尋常，單純論文事件恐怕已經變質。尤其是連指導教授都被一併抹黑之後。我也開始擔憂這其間是不是又涉入校園政治和政黨鬥爭。

　　一連串的變質，到了社科院審定委員會，召集人竟然在未審查各項證據之前就發公開信，「未審先判」汙名化稱之為「醜聞」時（請見 101 頁），心裡就有不祥的感覺。也開始對此一審定委員會是否真能公正審議，打了個很大的問號。我甚至於懷疑臺大校方的公平、公開立場。

　　結果，該審定委員會的判定出來，就引起再一次的風波和爭議。不幸的是，此一經不起考驗和草率的論文「抄襲判定」，已讓該會蒙塵。

就我判斷，審定委員會委員未嚴格釐清兩份碩士論文「雷同」之處來源的因果。事實是指導教授陳明通「好意」將林智堅有關研究設計的的初稿，交給余正煌參考，余正煌寫在他的論文，並先行提出學位論文，結果被審定委員會判定是林智堅抄襲余正煌，林智堅的「證言」完全未被採信，此其一。

　　陳明通身為指導教授，也提出他的書面說明，卻也完全未被審定委員會採納和考慮，甚至被「誅連」批為「沒有學術良心的政客」，應對林智堅抄襲案負「政治責任」，甚至接著「追殺」要解聘他。校外的政治圈，更是把他當成政治鬥爭的提款機。這已經變成是純粹學倫事件的案外案，此其二。

　　這本書的第四章、第五章和第六章內容，由陳明通親自現身說法提出證言，替我解惑不少，也再次讓我加深對臺大社科院審定委員會的質疑。遺憾的是，此一學倫冤案卻迄今得不到平反的機會。也許這本書的出版可以在學界、社會和媒體發揮一些還原真相，澄清是非和還林智堅及陳明通公道的機會。

蕭新煌

總統府資政
中央研究院社會學研究所兼任研究員

歷史事件需要更多的不同資訊才能發現真相

　　我是一個著作權法專業律師，執業律師三十餘年，專辦著作權法案件，我的當事人藍綠都有。

　　我為前新竹市長林智堅辯護，是一位好朋友為林智堅不平，拜託我研究一下林智堅的案子，我看了全部卷宗，覺得他有冤屈，這是一個應該無罪的案子，所以接了這個余正煌自訴林智堅，為林智堅辯護的案子。然而在接了後，卻感到從來沒有辦哪一個案子，像辦余正煌自訴林智堅案這麼孤單和無力。因為辯護律師面對的，不是法院，而是藍白黃的聯手及輿論撲天蓋地的壓力。綠營多數袖手，還有少數綠營民代會放冷箭。凡此，我在「蕭雄淋律師的部落格」寫了一篇長文：「小蝦米對大鯨魚的官司──談余正煌自訴林智堅案的關鍵問題」。

小蝦米對大鯨魚的官司

　　這個案子，我們事務所光刑事第一審答辯狀及調查證據聲請狀就寫了六萬多字，比雙方各自論文字數還多。我們發現余正煌所提供 33 處抄襲對照表，其中只有 11 處，是余正煌寫作在前，共 742 字近似，約占全論文的 1% 多。而這 742 字中，有些是陳明通教授共同修正文筆近似的結果

（如對照表 25-28 部分），有些是因題目、章節及研究架構近似，再加上使用同一民調，因而結論有近似的文字。這在著作權法上，依過去法院的著作權案例通說，是屬於「思想與表達合致原則」（The merger doctrine of idea and expression）與「合理使用」（fair use）的範圍。尤其林智堅論文 1% 多的近似，都是學術使用，而且余正煌的論文，已經被林智堅以律師函聲明民調未經合法授權，如果有授權也已經終止，則林智堅論文縱有與余正煌論文近似，對余正煌著作的潛在市場也沒有影響，依法院過去的實務案例，完全符合著作權法第 65 條第 2 項一般合理使用的規定。

本案因選舉而政治化，對法官有極大的壓力。法官透過書記官詢問雙方是否可能由法官來成立調解，終結訴訟？余正煌的律師，看了我們的答辯狀，先表示願意調解。我詢問林智堅，他表示這個訴訟民進黨中央不支持繼續進行，而且賴清德主席要選總統，他不能因這個案子被對方炒作而影響賴清德的選情，成為臺灣的罪人。

我說，我們事務所既然參與了這個案子，如果調解要答應我三個條件：一、不對余正煌道歉；二、不對余正煌賠償；三、不要為了和解而對外宣稱自己抄襲，否則我不願意接受調解委任，因為這會影響我們事務所的名譽，林智堅全部答應了。這個案子就在林智堅對社會公益團體捐 30 萬元，林智堅聲明對社會造成紛擾感到抱歉，雙方相互放棄訴追

權利等條件下成立調解、終結訴訟了。

　　歷史上有許多冤案，千年都未得昭雪。但是非自有曲直，公道自在人心。白色恐怖時代，也是經過數十年才有部分真相浮出。本書出版其實只是浮現林智堅案的少部分資訊，希望未來還能夠揭露更多的真相，還給林智堅應有的公道及尊嚴。

北辰著作權事務所主持律師
臺北大學法律系博碩士班兼任副教授退休

民主化的臺灣，請尊重與保障學術自由

與阿通結緣，是自然不過的事。

1988 年 8 月，我在臺大從講師升等為副教授，分配到法學院（社科院前身）綜合大樓 302 研究室。當時正攻讀政研所博士班的阿通學弟，就在隔一間的 306 胡佛老師研究室出沒。日復一日，我是早來晚走，他則是比我更早到更晚歸。阿通做學問的投入與專一令人折服，時不時還請我喝杯他煮的咖啡，我笑稱他「樓長」，也奠定了我倆在學術路上偕行之緣。

1992 年 8 月，渥蒙孫校長伯東的提攜，圈選我擔任三民主義研究所所長，負責所的整合與轉型，其一是結合時代需要，推展兩岸關係與中國研究。此前，阿通才剛結束紐約哥倫比亞大學博士後研究應聘三研所，得便相濡以沫、分工合作。我請他擔任大陸組召集人，推動分組招生、課程教學、學術交流，新世紀兩岸關係「藍綠二人組」的故事即由此開端。

2000 年更名為國家發展所之前，臺大三研所主要分成法律、政治、經濟、社會、大陸五個學程授課並分組招生。不只所內教師是各有所專、學生也來自文理法醫工農，大

家不分黨派，都想爭取院與校的同意改名、轉型成為一個有益國計民生的獨立所。職是，植基於社會科學的科際整合，很快就被同仁與同學接受。然而要凝聚院校兩層的共識談何容易？在折衝的過程中，阿通師和一些偏綠的師生成為亮點，表明所方有容納多元思潮的事實及潛能，這是以「國家發展」為新名、能獲得校務會議通過的主因之一。

改名後的臺大國家發展所，除了享有較高令譽，也因為資源相對優渥，還帶動了大學相關系所的更名熱，也吸引了眾多學子的報名投考。2000 至 2008 年阿扁執政時期，阿通師因緣際會，兩度借調行政院陸委會，先後任副主委、主委，馳名兩岸。2008 至 2016 年馬英九主政，阿通師回歸校園，吸引更多學子慕其名而來拜師，這些學子中藍綠都有。阿通治學嚴謹，對學生的照顧有口皆碑，外界誤以為他大開方便之門，專收綠營導生，其實不然，何況國發所本身也有嚴格的規範和要求，詳見本書中的說明（請見第45頁）。

本書第一章重啟了 2022 林智堅論文門，二至六章的標題依次是學術歸學術、選舉歸選舉、大學歸大學、政治歸政治、脊梁歸脊梁。著者以其生花妙筆，將阿通師口述紀實，化成流暢的文字，跳躍在讀者眼前。穿插於書中的註解，則淺顯易懂，饒富可讀性，令人展書翻閱後欲罷不能。

承蒙阿通兄好意，讓筆者有幸先睹為快，書中諸多情節讀來歷歷如繪，每每不能不掩書感嘆：已經民主化的臺灣，縱然憲法保障人民有言論、講學自由，大學法也明文規定大學應受學術自由的保障，因何大學裡的學術與社會上的選舉卻始終糾纏不清？

　　著者洪浩唐君在封面直言：很難希望阿通是最後一個選舉政治受難者！

　　呼應本書的口述者通哥和著者洪君，筆者誠摯期盼有更多臺灣人也來讀讀此書。

周樂祥

中信金融管理學院講座教授

社會欠通師一個光榮退休

　　身為臺大國家發展研究所（國發所）校友，老家又在新竹市，當爆發林智堅論文案時，著實一驚，雖然在之前已經爆發多起政治人物的論文抄襲案，但卻沒有本案被全國這樣高度報導與撲朔迷離。原因之一是當時正值九合一選舉的白熱化期，重要關鍵人林智堅正投入桃園市長的選舉，而陳明通（通師）又擔任國家安全局局長的重要角色，可以理解與預期，單純學術倫理事件自然會被故意無限上綱到政黨對決的無良操作。當然也包含中共見獵心喜，透過臺灣境內的協力者，包含媒體、學者、政治人物的合力操作，讓臺灣內部混亂互鬥一直是中共操作重點之一。

　　我自己修過兩個碩士，一般來說，寫論文的學生，通常會先希望撰寫自己有興趣與專長的專題，接著會尋找具有論文主題相關專業的指導老師，甚至許多學生希望能拜入名教授的門下，以傳承教授在專業領域知識。當然也會有，因為無法確立研究計畫，而必須由教授直接給予建議，並且提供過去所寫論文與指導過學生所撰寫論文資料給予參考，這在學界真是再正常不過。哪個論文寫作者，不一開

始都會上「碩博士論文網」查詢與自己相關的論文題目，甚至下載或到圖書館查閱紙本影印作為寫作參考，有些還會成為最後文獻的引註。

因為，人類的知識是透過傳承與堆疊而生，論文的撰寫就是幫助建構人類知識智慧的一套「嚴謹科學」方法，避免流於聽說及經驗直覺答案。必修的論文寫作課程就是在教導這套方法，臺大國發所也會寄給學生一份 24 頁的「國立臺灣大學社會科學院國家發展研究所碩（博）士論文（口試本）」參考範本（就我知道其他學校也會有），將論文封面、目錄、大綱順序、字級、浮水印等說明規範，提醒同學別缺漏其中重要項目，也使格式更為一致，所以這怎麼會叫做是給公版抄襲？

至於外界其它質疑的部分，書中也清楚交代說明，選舉已過，社會也該持平檢視，也可以感受其中先射箭再畫靶的一些惡意的政治性操作。許多重要的證據，卻沒被列為審查佐證，有違公平與程序正義原則！

我雖非通師的論文指導學生，但上過幾門老師的課，內容理論與實務並行，課程紮實嚴謹，我自己受益許多。同班受通師指導論文的同學，可沒有好畢業這樣的福利。教授的指導不會越俎代庖，學生還是必須自己努力負責，不然各校幹嘛要求學生要先自行將論文透過軟體進行比對？

後面對指導教授的追殺，更坐實了是政治的操作。請問，
過去非執政黨有更嚴重論文問題的政治人物，有誰的指導
教授被追殺要剝奪教師權、沒收退休金？所以這不是政治
追殺什麼才是？總之，我覺得社會欠通師一個光榮退休！

張宏林

社運工作者
臺大國發所校友

戰狼又來了？

聽到這本書在進行的當時，我第一時間的反應是，確定現在要討論這個題目嗎？

然而回顧這幾年臺灣的狀況，確實十分危險。

我曾經跟本書的作者合作，出了一本關西機場的事件簿《戰狼來了》，主要是在看從中國發動的輿論操作，在被臺灣的在地協力者挑選之後，大肆的在政論節目中播放，造成一場悲劇，可說是中國操作臺灣輿論的恐怖案例。而在疫情當中，中國針對陳時中以及衛福部大量的攻擊，少少的八個頻道竟然可以做到三千萬次的觀看，可說是關西機場的進階版。

近三年來，中國的手法日益精準。中國知道如果他們直接製造謠言會被針對，因此開始採用見縫插針的手法，將國內相關的爭議用大量的帳號或頻道予以散播，等到國安相關單位追溯源頭，就只會看到臺灣內部的爭議，從而達到操作輿論的效果。這幾年來，針對農業部的謠言，又或者針對國防部的攻擊，中國都是搭配臺灣在地協力者，在從中加入之後予以放大，造成輿論的旋風。

從裴洛西來臺事件後，一直到 2023 年賴副總統訪問巴拉圭，中國也開始使用大量的駭客竊取文件，並在偽造文件之後加入假消息的製造產業鏈，使得整體輿論變得更為複雜。本書所提到的事件，原本是國內的政治鬥爭事件，然而，在中國的駭客加入之後整個變了調，加上國內媒體完全不平衡的報導，馬上就形成了類似關西機場的旋風。

　　也因此，在看到中國駭客影子出現在本案件的時候，我知道整件事情已經偏離了原本的學術主軸。這也預示了未來抵抗中國輿論戰的困難：大量臺灣內部的聲音與中國彼此唱和，在必須保護言論自由以及政黨政治的狀況之下，每一次討論中國因素，都會有國內的人民「受傷」：宣稱中國與他無關。中國抓準了這一點，在臺灣相關法制不完備的狀況之下，繼續讓輿論操作橫行。

　　中國的手法當然不僅於此，輿論戰只不過是中國眾多戰爭中的一環，更不要提法律戰、心戰、武力威逼以及假意的釋出善意等，在灰色地帶中步步進逼。因此，我仍舊主張我們必須要能夠反制中國的手法，要有類似和平保障法的法源基礎對抗之，更需要有中央的卓越中心設立，讓人民知道中國進攻的手法。

　　中國的最終目標就是在輿論擊倒我們的國防部，逼迫臺灣簽訂和平協議。希望大家在閱讀本書的同時，能夠警覺

到中國的黑手如何放大，並在未來支持相關法制的訂定，
我們才有機會守護這片國土。

沈伯洋

臺北大學犯罪學研究所副教授
立法委員

第一章

重啟那道
「論文門」

如果我們一開始是從陳明通

「如何指導學生論文寫作」的角度著手，

並觀察當時整個社會輿論形塑的過程，

整起事件當會有不同的解讀。

一、阿通師的退休生活

大局為重、沉冤待雪，「那件事」該說清楚了

> 簡奧偉：李文彬，你給我聽著，我下半輩子什麼也不幹，就招呼你一個。
>
> ——摘錄自電影《寒戰 II》（2016）——
>
> 電影中，周潤發飾演的資深大律師簡奧偉，因為自己的徒弟在調查一樁重大陰謀案件時，在跟蹤過程中被疑犯發現而不幸壯烈犧牲。當簡奧偉趕赴醫院，遇上被他徒弟追查的對象，也就是由梁家輝飾演的李文彬時，悲憤地說出了上述這句堪稱本片的經典對白。

當我向陳明通轉述這段電影情節，請問他，甫自臺灣大學退休時，其心境是否也和電影中的周潤發一樣？

他有點無奈地笑了笑說，我以前沒時間看電影。

認識陳明通的親朋好友同仁學生都知道，他在日常相處上，毫無身段，經常請大家省去客套的職稱，稱呼他「阿通」。

他任職陸委會時，最典型的說詞是，此後兩岸關係就是「明通」，不會「暗通」。

在兩任主委的任上，他會說，依照「大陸委員會組織條

例」，往來公文書、新聞稿均使用「大陸」二字。

為了因應兩岸局勢，他曾在 2014 年 5 月 27 日以陳教授身分，與施明德、蘇起、洪奇昌、焦仁和、程建人、張五岳等七人共同提出「大一中架構」。

在茶餘飯後、酒酣耳熱時，阿通會即興表演字正腔圓的河洛話吟誦知名詩詞，例如：曹操的短歌行、李白的將進酒、蘇軾的念奴嬌……即使來自中國大陸的訪客也讚佩不已。

只是，當陳主委「上山」成為「陳局長」後，便被要求不同的角色扮演，以及少餐會、少喝酒，也鮮少再聽到他爽朗暢談……。尤其，因為「那件事」，而辭去國安局、從臺大退休，30 多年來在學術研究及兩岸、國安事務的迭有貢獻的人設，退休後卻必須忍住諸多指指點點……，而今更是深居簡出。

陳明通覺得自己在「那件事」之後，似乎有些 PTSD（post-traumatic stress disorder，創傷後壓力症候群），以至於退休後很長一段時間，他都儘可能地不去看任何相關資料、媒體報導，以免又讓自己陷入一種沉冤待雪的忿憤、甚至感慨世態炎涼……等等情緒循環，難以掙脫。

最重要的是，退休的當下，他曾決心把他的「戰袍」、「盔甲」都打包封裝起來，江湖恩怨且隨風而逝。寧可多去接觸、感受一些退休前無法盡情享受的美好事物，例如，欣賞手機裡可愛的孫女不時傳來給阿公看的自拍影片；而

游泳，更是他排遣負面情緒、維持基本體能的運動。

　　每當陳明通用蛙式悠遊在寬敞明亮的泳池中，雙臂、雙腿有韻律地收合划水前進時，常讓自己益發覺得心境澄明，身心都暫時獲得舒展。擺動身體時，他沉澱後的腦海中，不自覺地浮現喬治·歐威爾（George Orwell）小說《1984》裡頭的一句話：

　　「世界上有真相也有謊言。只要你堅持忠於真相，甚至不惜對抗全世界，那麼你就沒有發瘋。」

　　是的，心中閃過一個念頭：為了自己，也為了這個社會，現在是該把「那件事」拿出來整理清楚了！

二、認知作戰又一經典

重新建構「認知結構」與「基模」，相信不等於事實

> 盤繞陳明通心頭、如此糾結的「那件事」，指的當然就是
> 2022 年臺灣「九合一大選」前的「林智堅論文門」。

2022 年臺灣「九合一大選」前，「林智堅論文門」引發國內軒然大波、並普遍被認為是造成民進黨在該次選舉重挫原因之一。

事後回顧，整件事根本就是一場不折不扣的「認知作戰」；對臺灣社會產生的影響之大、傷害之深，在在堪稱負面選舉的「經典之作」！

談到「認知作戰」，陳明通不免「學者魂」上身，他以學術的角度分析指出，這其實是最近流行的說法：

因為人類對外界的理解是建立在所謂的「認知結構」[①]（cognitive structure）與「基模」[②]（schema）上，而這是一種後設的建構，不一定是一種客觀的事實，即使是客觀的事實，經過認知結構與基模重新建構後，往往跟事實真相有一段距離。

不幸的是，人類的思維邏輯以及對外的表意，很受這個認知結構與基模所指引，因此常常發生「明明是同樣的事

情，不同人的看法卻完全不一樣」，這是因為兩者的認知結構與基模有天南地北的差異，特別是受到意識形態影響、固化後變成牢不可破。

而「認知作戰」就是在改變一個人的認知結構與基模，造成「眼見不為真」／「不以眼見為真」，寧可相信自己的想法，拒絕面對事實。而這個想法，正是植基於被改變的認知結構與基模，也就是被認知作戰成功。造成的結果就是，久而久之，人們只相信他們「願意」相信的，整個社會彼此互不信任、溝通困難、進而分裂呈現長期敵對狀態。

陳明通認為，林智堅在當時做為執政黨提名的地方首長候選人，不難想像其一言一行會被對手無限上綱地檢視。而林智堅過去的論文被爆疑似抄襲的爭議，最後竟演變成如此巨大的政治風暴，甚至產生「外溢效應」、株連無數的世紀大冤案！

事後觀之，在此等社會氛圍下，認知作戰的脈絡，竟如此清晰！在臺灣民主發展史上，有其顯著意義，實在值得特別記錄並研究，首先要為無辜遭受波及的林智堅，洗刷冤情；或許也可讓身陷其中，或避免遭構陷者參考。

---

①認知結構是指個人對人、事、物或社會現實的看法；其中包括客觀的事實、主觀的知覺，以及兩者組合而成的概念、理解、觀點與判斷等。

②基模則是人類用來為他們透過感覺器官接收的訊息分配含義的輔助工具。人們使用基模來組織當前知識，並為將來的理解提供框架。

認知作戰→社會分歧動員→極化感情→極化權力

在臺灣的選舉研究頗負盛名的陳明通，就選舉學的角度指出，未來「認知作戰」將扮演著愈來愈重要的角色。因為就以英國這個選舉的發源地來講，選舉從來就不是我們所理解的「選賢與能」，而是選「代表」。

至於選民如何認定某某候選人是他們的代表？這就是一個認知作戰的過程，也就是「社會分歧動員」（social cleavage mobilization）的過程。根據美國學者亞瑟 · 米勒（Auther H. Miller）的說法，人類存在宗教、階級、族群各種不同的社會分歧，這種分歧將人們劃分成不同的團體。

以臺灣來講，最主要的就是國家認同的分歧。長久以來，有藍、綠兩個陣營的劃分，有政治意識的選民內心世界很清楚自己屬於藍營或綠營；雖然可能有半數人都說他投票不分藍綠，但實證研究發現，這種選民其實很少。

選民在認清楚自己的群體歸屬後，就會「極化感情」（polar affect），也就是（因強化）喜歡自己的團體、（而加倍）討厭對方的團體。總統民選以來，這種「極化感情」更加明顯，民進黨、國民黨彼此的「仇恨值」，已成為主要的投票指標。

除了「極化感情」外，也會「極化權力」（polar power）：認為「他群」獨享一切權力，「我群」則一點也沒有。最近最明顯的指控就是民進黨獨裁，也就是所謂「民主獨裁」。「民主」與「獨裁」根本就是自相矛盾的語彙，至少在臺灣公平、公開、定期的選舉制度下，不會有「民主獨裁」這種產物。

事實上，當時被指控的蔡政府，是透過選票同時贏得總統大選以及國會多數，這是民主政治應該出現的「一致政府」。過去扁政府時期，國會一直都是少數，則是「分裂政府」，造成很多政策都被反對黨否決而無法推動，「民主政治」（democracy）成為「否決政治」（vetocracy），這不是民主政治應該有的現象，也非人民之福。

　　所以無論是極化自我團體認同→仇恨對立團體→指控有權者民主獨裁→要求獨裁者負責或進行制度改革……，這些無一不是當下選舉過程的認知作戰，是一種透過仇恨的社會分歧動員。

三、嘗試以不同角度來講同一件事

從陳明通「如何指導學生論文寫作」，看清真相

> 這場「世紀大冤案」並非單純的「學術倫理」問題，而是選舉恩怨、政治鬥爭下的產物。

過去常有人形容選舉期間，執法者因為怕被批評行政不中立，而不敢嚴格取締，遂有所謂「法律假期」之譏。但在認知作戰伴隨著各種情緒動員的推波助瀾之下，用「理智假期」來形容臺灣的選舉，可能更貼切：因為選舉之故，許多「常理」都不再適用，更遑論試圖去解釋清楚那些原本就不甚普及的學術倫理規範、高專業門檻的論文內容？！

本事件發生在 2022 年「九合一」選舉期間，當時林智堅是執政黨提名的桃園市長候選人，在野黨基於選舉競爭，不僅借「論文事件」對林智堅發動全面性的攻擊，同時宣稱牽動桃園、新竹、臺北、新北、基隆選情；也波及身為指導教授當時是國安局長的陳明通。對在野陣營而言，真是一舉數得的認知作戰大勝利。

從當時的媒體報導就可發現，外界或明或暗同時有幾股力量撲天蓋地毀損陳明通的「人設」，企圖將他塑造成一個「貪財、好色、拉幫結派」……不堪之人，其目的無非是將他「鬥臭」，拉下國安局長的位置，製造臺大將他解

　　　　　　　　　　第一章　重啟那道「論文門」

聘的社會壓力⋯⋯，終極目標是重挫民進黨選情。

陳明通感嘆，這樣的「世紀大冤案」，至今社會上仍然有絕大多數的民眾相信臺大學倫會的審定，認為林智堅抄襲余正煌的論文⋯⋯。

偶有少數教授學者秉於其專業知識為林智堅仗義直言，例如旅美學者陳時奮教授（筆名翁達瑞），竟遭余正煌委託律師對其提起加重誹謗罪的告訴，所幸臺北地檢署、高檢署均予以不起訴處分，聲請交付審判亦遭法院駁回（請見第66頁），讓余正煌知所節制，沒再繼續濫訴。

檢察官不起訴處分理由主要為：陳時奮以其專業知識，比對林智堅與余正煌的論文（請見本書附錄二）；並採用陳明通幾次公開說明，余正煌的論文所以出現雷同，係他拿指導林智堅的論文創作成果給余正煌參考所致。因此臺北地檢署認為陳時奮對余正煌主張林智堅抄襲其論文，提出合理的質疑與批評，並得出與臺大學倫會「完全相反」的見解：「尚非無稽，應堪採信」。

檢方的主張或亦可解釋為：臺大學倫會認定林智堅抄襲根本就「不堪採信」？！

如今，事過境遷，大家應該也會好奇：如果我們一開始是從陳明通「如何指導學生論文寫作」的角度著手，並觀察當時整個社會輿論形塑的過程，這件事情會不會有不同的解讀？如果我們不甘自己的心智被「認知作戰」輕易地

擺佈，那麼重新檢視這起事件的來龍去脈，便有其超越學術倫理或政治鬥爭的價值。

現在就讓陳明通現身說法，將這起摻雜了選舉恩怨、政治鬥爭，合併著認知作戰，本質卻與學術倫理關係不大，而顯得瑣碎凌亂的「論文門」，說清楚、講明白。讓事件中的諸多元素各安其位，還事件所呈現的各種面向一個本來面目：

讓學術歸學術、選舉歸選舉、大學歸大學、政治歸政治、脊梁歸脊梁，讓那些喜歡披著學術外衣搞政治鬥爭的陰謀者，不再輕易得逞。

第二章

學術歸學術

從陳明通教授的「選舉學」談起，

並詳述他借用林智堅 2014 年參選的

內參民調資料，完成自己論文；

以及用以分別指導林智堅、

余正煌完成論文的過程。

一、起源：阿通師的選舉學

少數被承認具有「科學性」的研究領域

重點是每一個知道這是無稽之談的人，都不加以辯駁，現已經無法再翻案了。一個完全不實的故事漸漸變成了一則傳奇，而知道它不是事實的人卻袖手旁觀，不發一言。

—摘錄自約瑟芬・鐵伊（Josephine Tey）
《時間的女兒（The Daughter of Time）》—

在臺灣的「選舉研究」可謂有口皆碑、且桃李滿天下，人稱「阿通師」的陳明通，究竟如何從學生、助理，到建立專業地位？

研究選舉必須運用電腦進行統計分析

陳明通表示，他研究選舉，特別是透過「民意調查」瞭解選民的投票行為可以說淵源甚早：遠從 1978 年他加入其指導教授胡佛先生所主持的「內湖研究」開始，該研究採用「面對面」訪問的方式，抽樣調查訪問臺北市內湖地區選民的政治參與行為，可以說開國內選舉研究風氣之先。當時他在這項研究先擔任訪員的工作，後來成為研究助理，負責運用電腦進行統計分析。

「那時跑統計的電腦套裝軟體有多種，有 SPSS、SAS、BMDP。前兩者廣為社會科學所使用，後者則為生物統計所使用，但我都能運用自如。」

他回顧那時候跑統計都用「大電腦」，「個人電腦」要到 1980 年代才出現。臺灣最早出現個人電腦是 1981 年宏碁公司所推出的「小教授 1 號」，採用英特爾 x86 的硬體架構及微軟公司的 MS-DOS 作業系統。陳明通還記得「內湖研究」第一次跑電腦統計是在美商 CDC 臺灣分公司，「一次跑下來就花了新臺幣五千多元，而且僅僅跑次數分配而已」！這個花費簡直把胡先生嚇壞了，因為，「內湖研究」雖然獲得當時的國科會補助，但也不過區區幾十萬。

後來胡先生找上中央研究院，那時籌辦中的資訊科學研究所有一套迪吉多公司出品的迷你電腦 PDP-11。現在「手機世代」的學生可能很難想像，所謂「迷你電腦」可一點都不「迷你」，它的主機大小約略像彼時流行的塑膠衣櫥，而磁碟機是外掛的，像洗衣機大小，資料輸入透過讀卡機，monitor 則運用印表機，因為螢幕型的顯示器是電腦機房在用。

「我們一般的使用者是用印表機替代：輸入一行指令後，電腦就會作出回應，使用者再根據回應內容進一步輸入指令，如果程式寫對了，跑出來的統計報表就有好幾十頁，甚至半箱報表紙……整個過程真的很麻煩」陳明通不禁感

慨，和他們那時比起來，現在的研究生在使用電腦的便利性上，簡直是太幸福了。

民調很貴，老師一向鼓勵研究生共用

會如此鉅細靡遺地重提這段「年少往事」，無非是想強調：即便是電腦科技如此發達的今日，對學生來說，民調資料從來都算是一種昂貴、得來不易的研究資源。所以充分運用同樣的民調資料寫出不同的學術論文，在學術界不僅是被允許的，更是被鼓勵的。碩士論文基本上就是一位研究生學習「如何做研究」的起步，學生的資源有限，很難花個幾十萬、更不用說幾百萬去做一個全國性的抽樣調查，如果沒有老師的幫忙或借用別人蒐集的資料，根本無法進行像樣的實證研究，如同陳明通的碩士論文就是拿「內湖研究」的問卷調查資料完成的。

陳明通認為，「選舉學」可以說是少數被社會科學界承認具有「科學性」的研究領域，它的科學性不僅解釋了選民的投票行為，更在選舉過程發揮指導選戰的功能。特別是透過一次又一次的民調，有助於候選人或所屬政黨適時適度調整競選策略，成為打江山最重要的武器。

「選舉學」雖然有助於打選戰，而有其實用價值，但是做為一門學問，特別是具有科學性的學問，維持其學術性還是很重要的。

306 與聖西「佛門弟子」

在臺大求學時，陳明通接續去當兵的朱雲漢學長，完成胡佛教授要求的跑統計工作。他日以繼夜，有時睡在資訊所籌備處的沙發，成為胡先生很倚重的助手，從碩士班到博士班，他都是研究團隊的「大師兄」。研究小組取名「政治體系與變遷研究工作室」，因為設在胡先生的研究室，門房的番號是306，因此簡稱「306 研究工作室」。

隨著臺灣政治民主化，選舉成為國內最重要的政治遊戲規則，因此「306 研究工作室」的選舉研究計畫愈接愈多，有地方首長的選舉研究，有中央民意代表的選舉研究，以及後來的總統選舉研究……。幾乎每兩年都要進行全國性民意調查研究，而且主要是面訪，同時研究室的助理群也不斷的擴大。

當今學界政界知名的人士有不少都出自「306 研究工作室」，例如已過世的中央研究院徐火炎研究員、院士朱雲漢教授；創設臺灣民意調查基金會的游盈隆教授、臺大政治學系張佑宗教授；總統府秘書長林佳龍、立法委員范雲、徐永明等等。因為胡先生名佛字聖西，所以他們都戲稱自己是聖西「佛門弟子」。

陳明通由於較早參與，有幸獲恩師胡佛以佛心照拂關愛，無盡感恩。也因此立意傳承，對學生儘量多方協助，不忮不求，只願學生未來獨當一面後，繼續傳承佛門恩師心意。

科學的目的在解釋因果關係：為什麼「種瓜會得瓜，種豆會得豆」？但如果出現「種瓜不得瓜，種豆不得豆」這種變異，它的原因又是什麼？這就是學術的研究價值所在。

在現在電腦科技的進步，尤其是 AI 人工智慧的突飛猛進，陳明通對此門學問未來的願景是，希望「選舉學」2.0 能夠透過學術研究，結合 AI 人工智慧，發展出更科學性的理論，提出更實用性的指導選戰工具。

二、關於陳明通的論文
無意間印證了某缺乏核心價值政客的反覆立場

陳明通在臺灣選舉研究最受重視的有兩個面向：一是地方派系的研究，並出版《派系政治與臺灣政治變遷》專書；二是投票行為的研究，例如刊登在《選舉研究》期刊的〈2014臺灣地方選舉「柯文哲現象」的外溢效果：民進黨新竹市長候選人林智堅的個案分析〉。

地方派系的研究，並出版《派系政治與臺灣政治變遷》專書：該書主要研究國民黨威權統治的年代，蔣家父子如何在臺灣每一個縣市培植至少兩個以上的派系，讓其彼此競爭，分而治之，做為國民黨外來政權的地方基礎。但在臺灣民主化的胎動過程，有些地方派系因為不滿國民黨的提名政策，暗中轉而幫助當時的黨外人士，桃園縣長許信良的當選就是其中的一例，從而鬆動了國民黨的基層政權，帶來了臺灣的政治變遷。

《派系政治與臺灣政治變遷》一書出版不久，即獲日本交流協會委請當時東京大學若林正丈教授等人翻譯成日文，在日本出版。另外，陳明通回憶 1998 年，在上海衡山賓館與當時的海協會汪道涵會長見面時，送給他這本書，汪竟說他早已看過了，可見這本書在國內外頗受重視。

投票行為的研究：例如近期刊登在選舉研究領域國內首屈一指《選舉研究》期刊的〈2014臺灣地方選舉「柯文哲現象」的外溢效果：民進黨新竹市長候選人林智堅的個案分析〉（陳明通、楊喜慧，2016，《選舉研究》第二十三卷 第一期）。該論文運用「複層次結構非線性模型」（hierarchical nonlinear modeling），分析2014年臺灣地方選舉「柯文哲現象」對新竹市長候選人林智堅的外溢效果。

　　有趣的是，正如同邱吉爾的感嘆：「這個世界沒有永遠的朋友，也沒有永遠的敵人，只有永遠的利益。」例如，上述這篇論文曾寫到：

　　「……林智堅與柯文哲都是新竹人，選前柯文哲曾透過各種方式幫林智堅助選，讓一個原本不被看好的候選人最後能夠勝出，正是檢驗柯文哲『衣擺效應』的有效個案。」

　　但諷刺的是，到了2022年，當林智堅被臺大撤銷學位，蔡總統支持他捍衛自己清白，卻也因此飽受批評時，柯文哲卻補刀說：「你要相信臺大，還是民進黨？」

柯文哲：逼人民在臺大
與民進黨間做選擇

　　此外，阿通師這篇論文也寫到，當時三立新聞不遺餘力增加柯文哲能見度：

「……資料顯示，2014 年 1 月 1 日至 12 月 31 日期間，三立新聞臺報導涉及柯文哲的新聞共有 1,952 則，平均每日有 5.3 則。……如以三立新聞臺每日平均國內新聞產出量約 45 則計算，5.3 則柯文哲新聞占全日新聞比例約為 11.8％。

一個單獨的個人，僅僅在一家電視新聞臺，一整年平均每天就有超過一成的新聞報導量，媒體曝光度實在驚人。」

但同樣令人無限感慨的是，到了 2023 年，《三立新聞》卻因報導民眾黨主席柯文哲曾與國民黨主席朱立倫通話討論「藍白合」，而遭民眾黨提告並宣布，該黨以後拒絕參加三立電視臺所有的政論節目。

　　　　　　　　　　　　　第二章　　學術歸學術

複層次結構非線性模型

所謂「複層次結構非線性模型」，是把「總體資料」與「個體資料」結合在一起的統計模型。

陳明通教授解釋：過去總體資料與個體資料因為分析層次與分析單位不同，無法放在同一個統計模型中去分析。大約1980 年代，西方經濟學家開始運用該統計模型，把總體經濟現象對個體的經濟行為的影響效果計算出來；2000 年代政治學界也開始採用。

陳明通這篇論文應該算是國內選舉研究的首創，研究主題是將當時流行的話語「柯文哲現象」的外溢效應，透過實證研究去證明到底存在不存在？

因為柯文哲與林智堅都是新竹人，當時柯雖然在臺北競選市長但也頻頻回鄉替林智堅助選，因此選擇了林智堅的選舉個案進行分析。結果證實「柯文哲現象」的外溢效應確實存在。也就是在選舉過程中，整個社會對柯文哲的熱議並正面評價時，林智堅的民調就會上升，這中間的連結是柯文哲曾經多次到新竹替林智堅站臺助選，因此對林智堅的選情有所加持。

三、關於林智堅的論文
研究重點印証：林智堅確實因棄保不全而當選

> 　　至於為何後來竟演變成「論文門」？成為沉冤未雪的「學倫案」？那可能要從「三延所」是怎麼錄取？陳明通又是如何指導學生寫作論文談起了。

　　陳明通說，臺大國家發展研究所不好考，也不容易畢業。

　　在職人士就讀的碩專班每年招生 30 名，他前後幾任所長時期，分甲、乙兩組，各占 15 名，甲組要有相當於九職等以上的公、私行業經歷，乙組要工作滿三年才能報考。考試時筆試占 50%，書面審查占 30%，口試僅占 20%。每次報名都一、兩百名以上，而總共才錄取 30 名，有很多人考了好幾次才考上。

「三延所」進來難，出去更難

　　考上以後，大家也是戰戰兢兢的念，因為有些課當人當得很兇，成績一點都不營養，往往要念很多年才畢業。國發所以前叫「三研所」（三民主義研究所），同學間戲稱，畢業必須「一延」、「再延」、「三延」，所以叫「三研（延）所」。

　　阿通師指導學生寫作論文的方式具有多樣性，全視研究生的「資質」與「選題」，大致分為四種類型：

　　　　　　　　　　　　　　第二章　　學術歸學術

如果得知研究生的素質很強，文筆又很好，熟悉所選的題目，又下過一番苦工，他大概就關注該生的主要論述、論述的邏輯、以及支撐論述的材料，然後就等著看他們自行完成，只在起始時引導思考或提供建議，最後在初稿時略提供修改補充意見即可。

但是如此面面俱到的研究生終究有限，一般情況，都是由阿通師按照所開設的「社會科學研究法」課程內容，從問題意識，問題的提出，選擇主要研究問題、研究架構擬定開始，循循善誘。如果進行實證研究，例如問卷調查法，就會教導他們如何問卷設計、抽樣、調查（資料蒐集）、資料編碼（coding）、電腦統計分析等等，一直到根據統計發現撰寫研究報告。

此外，如果研究生想跟他學他正在進行的研究主題，那就採「入室弟子」規格：請學生從「學徒」幹起，當他的研究助理，從蒐集資料、跑電腦，跟他一步一步的學習，最後再拿一部分的材料去寫成碩、博士論文。

陳明通借用林智堅選舉民調，研究「外溢效應」

如上一節所述，2014 年的「九合一選舉」結果，讓陳明通對「柯文哲現象」感到好奇，並開始構思如何透過實證研究去證成該現象的外溢效應促成林智堅當選新竹市長。

碩專班學生有社會歷練與專長，資料也較豐富

至於「碩專班」，因為都是在職人士，也就是所謂的「在職專班」，因為社會歷練、擁有的資源跟一般生不太一樣，但能學習的時間也比較有限，陳明通通常都是「因才施教」。

首先引導他們選擇工作場域中最熟悉的主題，再教導他們寫論文的方法，從問題意識、研究架構、研究方法、資料蒐集、統計分析及解讀，一步一步的教起。

因為所選擇的題目是學生自己最熟悉的，資料也多半是垂手可得的，教授只要把他們的研究架構架起來，點出哪些是獨立變項，哪些是依變項，統計要怎麼跑，他們很快就能完成論文。

而剛好林智堅就是他所指導的國發所在職專班學生，因此陳明通便借用林智堅選舉期間未對外公開的內部民調資料；同時也跟柯文哲索取內部民調資料，並運用這兩份民調資料寫出了前述《選舉研究》期刊的那篇論文。

而依照陳明通多年的研究經驗，這些內部民調資料由於沒有對外公布，因此可以排除為了操作選情的文宣「假民調」；由於是作為內部擬定選戰策略的民調，因此相當要求準確性。所以他覺得彌足珍貴，實在可以用來再多寫出幾篇論文。於是當林智堅表示對這場自己參與的選戰有研究興趣時，便獲得陳明通的大加鼓勵。

林智堅也使用這份民調，研究「棄保不全」

「林智堅的論文題目完全是他自己想出來的，原創性應該歸功於他」陳明通一再強調，因為 2014 年的那場地方選舉，林是新竹市長候選人，是當事人，然後他當選了。他很想知道他為什麼會當選，因為他挑戰的是尋求連任的國民黨市長許明財，然後又有前市長蔡仁堅也出來競選，形成「三腳督」的選戰格局，他知道選戰到最後可能會發生「棄保效應」，但只要棄保不全，他就有可能當選，果然蔡仁堅還能得到一定程度的選票，沒有完全被棄保，沒有足夠的選票轉到許明財身上，讓許當選。

根據陳明通的回憶，選後林智堅一直想瞭解這種「棄保不全」的現象，是哪些人到最後還守著蔡仁堅？因此林智堅來找他表示想要寫這樣的一篇碩士論文，幫自己解開這個謎題。

那時候陳明通剛好完成前述的〈2014 臺灣地方選舉「柯文哲現象」的外溢效果：民進黨新竹市長候選人林智堅的個案分析〉論文，由於論文的寫作過程中，他拿了柯文哲及林智堅所給予競選過程中所進行的未對外公開內參民調，挑選兩邊民調時間比較接近的各六組資料，跑過多次的統計，可以說對這些民調資料非常熟悉，所以林智堅來找他討論，他就「借花獻佛」，拿出林原來提供給他的民調資料，表示這些民調資料可以幫林完成碩士論文。

因此，2015下半年的新學期，陳明通就開始指導林智堅撰寫其碩士論文，雖然林那時已經是市長，政務非常繁忙，但林市長還是抽空用心學習。

因秉性忠厚，將「棄保」改為「槓桿效應」

由於陳明通在碩專班的課程都開在週六的上午，所以林智堅上午來上課，下午就到他的研究室來討論論文。陳明通查了一下當初所留下來的檔案，發現2015年12月27日他們已經討論出第一份的寫作底稿。

這中間特別提到「棄保效應」這個用詞，「智堅是一個心地非常善良的年輕人」陳明通有感而發地提起這段也許在學術上不太重要，卻足以顯現其忠厚本性的「名詞選用」過程：在他們決定要研究「棄保效應」時，林智堅覺得談誰被選民「棄」，誰又被選民「保」，「棄保」兩個字對其他的兩位候選人好像不甚禮貌？他建議改成比較中性的「槓桿者效應」，因為槓桿者偏向某一方，等同於另一方就被棄保，不提「棄保」兩個字也能達到研究的目的，陳明通也欣然同意林這樣的更動。

但是林智堅論文要用的這六組民調資料，主要是配合他的競選策略而設計的，初始目的不在研究「槓桿效應」。選舉的結果林智堅發現有「棄保效應」存在來跟陳明通討論，但又不便重做一次民意調查，而且這種要選民事後回

溯調查更有可能失真，因此才在既有的資料裡面想辦法找出槓桿者為何沒有完全被棄保的原因，這等於是事後透過研究設計重新去建構，去尋找原因。

但要怎麼找？於是他們就引進傳統的投票行為研究模式，也就是提問「誰？投票給誰？為什麼？」用這個模式把相關的統計重新跑一遍，然後把跑出來所有的統計表格檢視一遍，從中間去尋找、去討論「槓桿效應」中「棄保不全」的現象是否存在。

最後發現高學歷者還有兩成多投票給蔡仁堅，公教票也有將近三成投票給蔡仁堅，林智堅根據過往的研究經驗認為軍公教、高學歷的選民比較會支持國民黨，但在藍綠對決的情況下，這兩成多的選民竟然沒有歸隊，這實在不太合理，但這樣的結果卻讓許明財沒有辦法得到傳統上屬於國民黨的選票，造成棄保不全。

槓桿者傾向哪邊，哪邊就可能當選，就本質來講，公教票、高教票應該要給許明財才對，竟然投在蔡仁堅身上沒有過去，使得林智堅以些微的差距當選！這就是他們研究發現棄保不全，使林智堅當選的原因，林智堅也因此順利完成了論文。

作為指導教授，陳明通認為林智堅在論文寫作的過程當然有遇到困境，因為雖然他的問題意識相當清楚，要回答「棄保效應」的邏輯也很簡單，但要如何做出來，特別是

他們要用的資料是配合他的競選策略，而不是為了研究「槓桿效應」而設計，這種先天的限制如何解決？

指導教授手把手，一步一步引領寫作

這一部分阿通師就發揮指導教授的功能，指導林智堅引進傳統的投票行為研究模式，跑遍了所需的統計表格，逐一檢視哪裡發生「棄保不全」的現象。

再加上林對投票行為的學術研究應該是初學者，因此陳明通在研究設計部分特別用心指導他，首先確立「研究架構」，指導他在獨立變項部分應該納入問卷中受訪者的性別、年齡、教育程度、職業、戶籍所在地、族群屬性、政黨傾向、對候選人認知、欣賞候選人之處、候選人能力評價、誰比較可能當選等 11 個變數；依變項應該納入投票傾向（即三人競選希望誰當選、兩人競選又希望誰當選）等 2 個變數。

同時，在獨立變項部分將性別、年齡、教育程度、職業等人口統計學變數歸類為候選人的「社會基礎」；戶籍所在地、族群屬性、政黨傾向等變數歸類為候選人的「政治基礎」；對候選人認知、欣賞候選人之處、候選人能力評價歸類為候選人的「個人特質」；誰比較可能當選歸類為「選情評價」；將依變項的兩題歸類為「投票抉擇」。林智堅也接受這樣的指導。

接下來陳明通又指導林智堅如何寫作這些變數的「概念性定義」及「操作性定義」，然後要如何進行變數間的統計分析。依照過往經驗，陳明通覺得碩士論文，只要作作「卡方（χ2）檢定」與「二元勝算對數模型」（binary logit model）分析即可。

　　即使在統計學的領域，這兩種分析可能只能算是「標配」，但對許多沒修過統計學的初學者來說，教授恐怕就要想辦法讓學生快速理解並運用這些分析工具了。以下，我們不妨趁此機會，觀摩一下阿通師當時是如何用較為淺白的用語，教會林智堅這些讓外行人看來很艱澀的專有名詞。

「卡方檢定」與「二元勝算對數模型」淺釋

・卡方檢定

　　假設我們抽樣 200 位受訪者，男性、女性各 100 位，然後詢問他／她們是否投票給「槓桿者」蔡仁堅，假如 100 位男生中投給蔡仁堅的有 50 位，沒有投給蔡仁堅的也是 50 位；100 位女生的情形也是如此，也是有 50 位投給蔡仁堅，50 位沒有。呈現出在 2x2 表格中，每一格內都是 50 人，彼此間毫無差異。我們把這種沒有差異的分配當作「虛無假設」。

　　實際的結果假如是 100 位男生中投給蔡仁堅的有 80 位，沒有投給蔡仁堅的是 20 位；相反的，100 位女生中投給蔡仁堅

的有 20 位，沒有投給蔡仁堅的是 80 位。這樣的分配在「卡方分布」上有一個落點，拿它來與前述虛無假設的分配進行比對，也就是卡方檢定。

檢定結果顯示性別及投票行為兩個變數不互相獨立，且達到統計上的顯著水準。我們就可以斷定性別（獨立變數）與投給蔡仁堅（依變數）有顯著的關聯，男性偏向投給蔡仁堅，女性則否。

至於為什麼會這樣，則要尋找既有的理論去解釋，特別是過往學界所建立性別與投票行為關連的理論。如果沒有既有的理論，可以試著去創設自己的一套理論去說服讀者。

· 二元勝算對數模型

前述性別及投票取向都屬於「類別尺度」（nominal scale），性別的內涵有男性及女性兩類，投票取向則有投給蔡仁堅及不投給蔡仁堅兩類，因為不是「等距尺度」（interval scale），無法進行迴歸分析（regression analysis），把幾個獨立變數一起擺進來在一條迴歸線上，檢驗其對依變項的影響。

所幸後來統計學家發展出可以進行迴歸分析的「勝算對數模型」，如果依變項僅有兩個值，如投或不投給蔡仁堅，就稱為「二元勝算對數模型」。

前述的例子中，假如我們以女性作為「對照類別」，投給蔡仁堅的有 20 位，沒有投給蔡仁堅的是 80 位，兩者的比值是 20:80，等於 0.25；男性投給蔡仁堅的有 80 位，沒有投給蔡仁堅的是 20 位，兩者的比值是 80:20，等於 4，這兩個比

值都是「等距尺度」，因此可以進行迴歸分析，然後算出男性的比值是「對照類別」（女性）比值的幾倍，如果達到顯著水準，我們就可以斷定性別對投票取向有所影響。

因為是迴歸分析，所以獨立變項可以同時擺入好幾個，除了性別外，常用的有年齡、教育程度、宗教信仰、社會經濟地位等等，也就是歸類的「人口學變數」、「社會學變數」、「政治學變數」等等。

凌晨 email 修改意見給學生，天意正好留下證據

陳明通教導林智堅寫研究計畫，整個過程大約費時一個月左右，他還記得 2016 年 1 月 30 日那一次在他的研究室討論，邊討論邊修改後，整個論文初稿大致成形，因此他把討論修改的結果讓林帶回去。隔天是週日，陳明通再仔細檢查一下前一天討論及修改的內容，又作了一些修正，在 2016 年 2 月 1 日的凌晨 01:01 email 給林（已公證）。

2022 年「論文門」事件發生後，為了證明林智堅完成的研究計畫先於余正煌，陳明通特別將這份電郵及所寄送的內容送請臺北地方法院所屬公證人公證，並由林智堅提供給臺大學倫審定委員會。但結果審定委員會竟然不採信，還說不曉得是誰寫的？

「我必須再次鄭重說明，這是林智堅經由我指導與修改所撰寫出來的！」陳明通認為，雖然是由他引導這份研究計畫大部分的內容，但這是一位認真的指導教授希望學生快速掌握與運用，所應該扮演的角色。

阿通師以此方法論指導林智堅順利完成論文，而智堅對檢視「三腳督」選舉研究發現，可以說是這本論文最大的貢獻，也成為研究後來類似選舉的很好參考範本：選舉過程中若採用這樣的模式來設定競選策略，選舉結果更可以用此模式來解釋。

例如 2022 年的臺北市長選舉，蔣萬安（藍）、黃珊珊（白）、陳時中（綠）「三腳督」的選局。藍營成功地操作「棄白保藍」：把黃珊珊打成「小英女孩」（總統蔡英文所關愛的對象），投給黃珊珊等於幫助陳時中當選，黃的支持者因此大量被操作轉投國民黨的蔣萬安，蔣因此而當選，這是「棄保成功」的案例。

三腳督「棄保」、「棄保不全」，正是智堅的研究貢獻

又如 2024 年的總統大選，侯友宜（藍）、柯文哲（白）、賴清德（綠）再度呈現「三腳督」的選局，藍營依然想操作「棄白保藍」：

趙少康公開說只要把柯文哲的得票率壓低在 20％以下，他跟侯友宜這一組就會當選，因此不斷地操作「棄白保藍」。

選前 48 小時宣明智還假借郭台銘發表公開信，要求藍白集中選票支持侯友宜。

結果如同林智堅的研究，在「棄保不全」的情況下，藍營並未成功，柯文哲仍然獲得 26.46％的選票，導致綠營的賴清德順利當選。

簡單來講，在「三腳督」的選舉過程中，只要透過民調中的人口學、社會學、政治學等等變數，設定競選策略，操作「棄保效應」，成或不成就可以決定選舉的勝負。

以 2024 年的總統大選為例，藍營想操作「政治學變數」中的政黨認同，讓民眾黨的支持者轉投國民黨的侯友宜，結果沒有成功。因為歷次民調顯示柯文哲的支持者中有很多「人口學變數」中的年輕選民，這些年輕鐵粉不是政黨認同變數可以操作的，藍營因此「棄保不全」。

相反地，2022 年的臺北市長選舉，黃珊珊的支持者有不少來自藍營，在臺北市藍營共主蔣萬安大旗一揮下，這些藍營的支持者紛紛歸隊，完成了「棄黃保蔣」，蔣萬安因此順利當選。

由這兩個案例，就可以看出林智堅這本論文重大貢獻，這完全是林智堅本人在阿通師指導下的創作成果，對於初學者能有這樣的表現，非常值得肯定。

四、關於余正煌的論文
研究重點：林智堅勝選的政治社會基礎分析

> 陳明通表示：首先我必須說明，余正煌的碩士論文指導教授另有其人，不是我。
>
> 我只是當時擔任所長，不忍心修業年限只剩一個學期的余正煌無法完成原論文寫作，建議他改題目，並分享了林智堅花很多時間製作的民調相關數據。
>
> 沒有使用智堅的階段性研究成果，余正煌不可能來得及畢業。沒想到竟然反而連累智堅，我很對不起智堅……。

陳明通之所以會牽連到余正煌的論文，主要是余原先的碩士論文題目，是寫「陸生來臺就讀後政治認同變遷」，在 2015 年 12 月 21 日的研究計畫口試時，某位口試委員要求他應該實際去訪問在臺陸生，讓他覺得短時間內無法完成論文，而他的畢業年限又僅剩一個學期，內心非常著急。口試後不久便來找所長阿通師商量，希望能夠換口試委員。

身為所長，不捨余正煌無法畢業

陳明通當時是國發所的所長，雖然不能答應如此違反學術規範的要求，但為了解決余的困境，好心建議余換題目，重組口試委員會。因為剛好那時候他指導林智堅研究「槓

桿者」蔡仁堅，但是那場選舉當選者林智堅卻沒有人研究，相當可惜了寶貴的數據（請見第 38 頁），護學生心切的陳明通所長便建議余正煌改寫「林智堅勝選的政治社會基礎分析」。

所以從一開始題目就是陳明通給余正煌的，並由陳明通一來徵得林智堅的同意，讓余使用林的六次民調資料；二來徵得余正煌的指導教授同意，阿通師以口試委員身分實質指導余正煌論文寫作，時間大約從 2016 年 1 月開始，略晚於他指導林智堅論文寫作的時間。

陳明通記憶猶新，2015 年 12 月 29 日上午 10:00 左右，余正煌再度來到陳明通的研究室，陳明通回報余正煌的指導教授同意余正煌換題目，並由陳明通實質指導，而林智堅也同意出借選舉期間六次內參民調給余正煌寫論文。余很高興陳明通去溝通的結果，因此確定這件事就這樣進行。

由於余正煌對調查研究法是初學者，一切必須從頭開始，而他只剩半年的時間，為了加速他的學習，因此余離開後，陳明通開始運用所方所規定並存放在國發所官方網站上的「碩博士學位論文研究計畫格式規範」（也就是學生間所謂的「公版」），「客製化」草擬余的論文寫作底稿，特別是「研究設計」部分。

為了日後方便指導余正煌，陳明通把根據研究設計所需要的統計分析，試著先用電腦中的 SPSS 程式跑出來，並製

作成 19 張統計表格。由於陳明通對這些資料相當嫻熟，而且原始資料的 data cleaning 早在他寫「柯文哲現象的外溢效果」時就已經清理完成。

因此大約在當日的下午 12:30 左右，19 張統計表格就已經跑出來了，這些 SPSS 跑出來的 output files 目前都還保留在陳明通的電腦中。另外有關六次民調的執行日期、樣本數及抽樣誤差，在先前指導林智堅時就已經製表完成，因為這屬於「技術報告」的部分，沒有林智堅提供相關數據，余正煌不可能獨立製作。為了節省時間，阿通師就直接將之搬到余正煌的論文寫作底稿中。

這也就是為什麼後來林、余這兩本論文在這一部分文字幾乎完全一樣的原因。

婦人之仁，好心護蛇竟遭蛇咬

2016 年 1 月 5 日上午 11:00 點左右，余正煌三度來到陳明通的研究室，陳明通拿出上次余離開後他幫余弄好的論文寫作底稿，開始一步一步教導余正煌，包括研究設計要怎麼撰寫，最後 19 張統計表格要怎麼解釋，上面附上了陳明通撰寫的示範文字（已公證）。

這個教導過程一直到中午時分，也是天意，由於余未攜帶隨身碟，陳明通只好當場把這份論文寫作底稿（包括：論文架構、章節安排、研究對象與資料來源、分析工具、

破解余正煌提出的論文寫作過程進度

余正煌向臺大審定委員會提出 2016 年 1 月 5 日、1 月 28 日、2 月 4 日、2 月 8 日（封面標示 2016 年 3 月）、2 月 29 日（封面標示 2016 年 3 月）、3 月 8 日（封面標示 2016 年 3 月）、以及 7 月 19 日論文口試版等七個論文寫作過程的進度版本，想證明論文是自己獨力完成的。且看阿通師「拆解」如下：

・2016 年 1 月 5 日論文進度

這是余所能舉出的最初論文寫作版本，很諷刺的是，全文沒有一個字出自他的手筆，包括：論文架構、章節安排、研究對象與資料來源、分析工具、全部論文 19 個統計表格、一個六次民調執行日期、樣本數與抽樣誤差表，以及如何解釋這些表格的示範寫法，這些都是陳明通親手彙整，在 2016 年 1 月 5 日 email 給余的（請見第 59 頁）。

這一份文件業經臺北地方法院所屬民間公證人公證，證明 2016 年 1 月 5 日陳明通 email 給余正煌，在該檔案的「資訊」頁中清楚顯示該檔案「建立時間」是 2016 年 1 月 2 日，「上次修改日期」是 2016 年 1 月 5 日，上次修改者是：Mingtong Chen，此即為陳明通的英文名字。所以，余正煌並非其碩士論文「核心部分」之原始創作者。

・2016 年 1 月 28 日的論文進度

阿通師根據余正煌提交給法院的資料才看到余所謂的 1 月 28 日進度，其實根本與 1 月 5 日的進度無異，僅在第一章「緒論」的開頭寫了一段文字，第二章「相關理論回顧與文獻檢討」

中寫了 3 頁多一點點，第四章「結論」寫了 1 頁；但論文最核心的「研究設計」（第一章第三節）這一部分毫無進度（參見右方 QR Code）。

陳明通 2016 年 1 月 5 日給余正煌的論文寫作底稿 vs. 余正煌自證 2016 年 1 月 28 日的論文寫作進度

· 2016 年 2 月 1 日的論文進度

正如同陳明通透過律師發表的公開聲明，「本人於 105 年 1 月 5 日以電子郵件寄送論文寫作底稿及格式予余正煌先生參考，檢視余正煌最近向法院所提證據：當年 1 月 28 日的論文進度，本人發現在論文最核心的研究設計部分根本毫無進度，仍停留在 1 月 5 日本人交付余先生的論文寫作底稿階段。但同年 2 月 1 日林智堅的研究計畫，在本人的指導下已完成雛形。從 1 月 28 日到 2 月 1 日，仍屬這個領域初學者的余正煌不可能在短短兩三天完成研究設計寫作，更沒有交付或 email 給本人其論文最新進度，所謂林智堅抄襲余正煌論文完全不是事實。」

· 2016 年 3 月的論文進度

眼看依臺大國發所規定，論文口試前三個月必須提出研究計畫的時間快到了，余正煌只好再向陳明通求救，莫約 2016 年 2 月中下旬，陳明通將指導林智堅的創作結果提供給余參考，方式是直接增補到陳明通 1 月 5 日原先為余正煌「客製化」草擬的論文寫作底稿，並要余在這個基礎上進一步好好發揮。因此，余才能在 2016 年 3 月 8 日 email 其所完成的研究計畫初稿（已經公證），向陳明通表示要申請研究計畫口試。

全部論文 19 個統計表格、1 個六次民調執行日期、樣本數與抽樣誤差表，以及如何解釋這些表格的示範寫法⋯這些都是陳明通的創作）email 給他，也因此留下了無法事後抹除、虛構的電子軌跡證據，證明這些關鍵內容全部都是阿通師寄到余正煌的電子信箱。

「論文門」事件發生後，陳明通找了臺北地方法院所屬公證人，打開他在臺大的 email 帳號，公證了他當初郵寄的信件及所附的論文寫作底稿檔案夾。

余正煌的研究設計植基於陳明通指導林智堅的成果

對比余正煌的研究計畫及後來完成的論文，在「研究設計」這一部分，也就是被質疑相似性最多的論文核心部分，幾乎都是來自林智堅 2016 年 2 月 1 日的研究計畫初稿（參見右方 QR Code）。

林智堅與余正煌的研究設計內容對比

由於臺大審定委員會拒絕採證林智堅所提供 2016 年 2 月 1 日的文件（雖然已經公證），逕以論文出版先後的順序，判定林智堅抄襲。但如以兩人的寫作時序（請見第 64 頁「林智堅、余正煌論文寫作時序表」），以及前述兩人研究設計內容比對顯示，事實上是余正煌無意中「參考」了林智堅的論文初稿，而林智堅並無抄襲余正煌的論文。

陳明通不無感慨，本來余正煌按照他的指導模式，在變

換題目的半年內順利完成論文，如期畢業，讓他感到非常欣慰，也頗有「成就感」。

「沒想到好心沒有好報」，他萬萬沒料到「論文門」事件發生後，余正煌為了自保，卻向臺大審定委員會詭稱，其論文完全是由自己獨立創作撰寫完成，林智堅只是借他六次內參民調資料而已。余正煌的律師更將此情況比喻成，余正煌向林智堅「借醬油」，滷自己的豬腳，但滷完後林智堅卻說豬腳是他的，因此控告林智堅抄襲其論文。

陳明通氣憤難平地說，「但實際的狀況是，不僅醬油是林智堅的，豬腳食材也是林智堅的，然後整道菜最關鍵的部分是我滷的，余正煌只是拿去『配』他的飯而已。」余怎可說滷好的整碗豬腳是他的，是他做的！

張祐齊律師為何誤信或誤導余正煌？且看法院判決

「我只是揭露這個事實真相，余卻放任他的律師對外放話說要告我，甚至羞辱我」陳明通覺得這簡直是「恩將仇報」，大大感嘆，天理何在？

2023 年 1 月 12 日余正煌的委任律師張祐齊透過媒體對外放話，「凡寫過文章及論文者均知，一篇沒有任何註釋的文章，是不可能知悉該段文字之出處，更不可能大海撈針地把引用文章找出來，此乃常識問題。」並表示，當初余正煌把論文初稿寄給陳明通時，「故意」刪除引註部分，

林智堅、余正煌論文寫作時序表

時 間	林智堅論文進度
2015 年 12 月 27 日	在陳明通指導下完成最出版論文寫作底稿。
2016 年 1 月 5 日	持續與指導教授討論、修改研究計畫。
2016 年 1 月 28 日	
2016 年 2 月 1 日	研究計畫內容已完成雛形,有公證書可證明。
2016 年 2 月中旬	持續與指導教授討論、修改論文。
2016 年 3 月 8 日	
2016 年 3 月 22 日	
2016 年 7 月 17 日	
2017 年 1 月 13 日	林智堅通過論文口試。
2022 年 8 月 9 日	臺大學倫會判決林智堅論文抄襲余正煌, 是為世紀大冤案。

	余正煌論文進度
	正為原先的研究計畫未獲口試委員認可而苦惱。
	陳明通給余正煌新的論文題目寫作底稿，裡面的內容皆為陳為深度指導余，讓其能在半年內如期畢業所預置的東西。
	余向臺大學倫會及法院自證 1 月 28 日以前的論文進度，對比 1 月 5 日陳給余的寫作底稿，僅增加了 4 頁多一點點，可謂毫無寫作進度。
	陷入寫作困難中。
	余正煌向陳明通尋求協助，陳明通將指導林智堅的創作結果，特別是研究設計這一部分提供給余正煌參考，方式是直接增補到陳明通原先為余正煌草擬的論文寫作底稿。
	余正煌 email 其所完成的論文研究計畫初稿（已公證），向陳明通表示要申請研究計畫口試。
	余正煌通過研究計畫口試。
	余正煌通過論文口試。

然後陳明通再把它拿給林智堅抄襲，或許林在抄襲時沒有注意到，才沒發現引註問題，由此可證林智堅抄襲事實非常明顯。

陳明通百分之百贊成「沒有任何註釋的文章，是不可能知悉該段文字之出處」。正因為阿通師有其論文引註的「寫作風格」，認為該部分沒必要引註，而沒有要求林智堅，余自然無從知道該段文字的出處。本來無一物，何處惹塵埃！而余的論文或許為了表示自己也有貢獻，所以「製造」了一些引註，反而露餡，破綻百出。

陳時奮對余正煌「造假引述」是「學術詐欺」的指控，獲得臺北地檢署、高檢署、臺灣臺北地方法院的認同，從而判決余正煌控告陳時奮「加重誹謗罪」不起訴處分，余聲請交付審判亦遭法院駁回。

判決結果出來，余正煌的律師就躲起來了，余正煌後來也跟林智堅和解、撤告。這樣的結果讓陳明通不禁感嘆：早知如此，何必當初！

阿通師的論文引註「寫作風格」

陳明通認為，不少文章，三步一引，五步一註，很不以為然，好像在炫耀他看過很多書或論文；或者對自己的主張很沒有信心，非堆滿了引註不可。因此一直以來，他堅持引註兩原則，並以此指導學生：

翁達瑞仗義執言：余正煌的引註是「學術詐欺」

旅美學者陳時奮（臉書名稱翁達瑞）就指出其中兩個引註，根本就是「造假引述」，是美國學術界絕對禁止的「學術詐欺」（詳 2022 年 7 月 29 日翁達瑞臉書）：

第一個是余在論文的研究設計中提到，**學歷較高的選民比較會投給高學歷的候選人，學歷較低的選民則可能無此差別**，余引註這是陳光輝、洪昭明在 2013 年發表的《教育程度與政治知識之關聯的再檢視》一文第 79-86 頁的看法。但是實際的情況是，該文並沒有「學歷較高的選民會投給學歷較高的候選人，學歷較低的選民則可能無此差別」這樣的文字，而且該文主要是在講述教育程度與「政治知識」之關聯，而不是「投票傾向」。

第二個是余在論文的研究設計中提到，**所以選擇職業變數，主要是基於不同的職業會有不同投票取向的前提**，他引註這是林宗弘、胡克威在 2011 年一篇文章第 111-128 頁的看法，但林胡這篇文章主題是關於 ECFA 之兩岸經貿議題，內文主要是探究「階級」與「族群」對 ECFA 的正反傾向，與「職業」甚無關聯，亦無所引述之「所以選擇職業變數，主要是基於不同的職業會有不同投票取向的前提」等文字。

2022 年 7 月 29 日
翁達瑞臉書

第一是「理論上的原創」，例如羅伯・達爾（Robert Dahl）提出的「多元政治」（Polyarchy）理論，或福山（Francis Fukuyama）提出的「否決政治」（Vetocracy），這種理論原創當我們寫文章有所涉及，一定要加以引註。

第二是「重要的實證研究發現」，當我們要加以參考時，必須加以引註。

除此之外，沒有必要一定要引註，特別是那些屬於學界的「常識」，大家都知道的事，沒有必要特別去引註誰說的；更可避免經過好幾手轉述、非原創的內容。

因此，陳明通在指導林智堅有關研究設計寫作這一塊，提到性別、年齡、職業、教育程度會影響投票取向，這些在成熟的選舉研究這個領域，可以說是「常識」，是大家都知道的事，沒有必要去引註誰說的，就直接主張「所以選擇性別變數，主要是鑑於過去蔡仁堅頗受女性的歡迎，因此我們假定女性比男性更傾向投票給蔡仁堅」，而這裡也隱含了要被驗證的假設。又如，「所以選擇年齡變數，主要是基於不同的年齡層會有不同投票取向的前提」，這種預設前提進而導出要驗證的假設，陳明通也覺得沒有什麼好引註的。

陳明通認為真正需要引註的是在「文獻檢討」的部分，因為你要檢討人家，當然要引註你所檢討的文章出處；或者在討論你的研究發現時，對比其他的類似的研究，他們

的研究是支持我們的研究發現，或者我們否定前人的研究發現，這時當然要引註所討論的對象。

這些學術界的行規，外人未必瞭解，一碰到選舉，很容易就被政治化了！

第三章

選舉歸選舉

林智堅的論文為何演變成政治風暴：

除了因為在選戰期間候選人被放大檢視之外，

另外一個很重要的原因是，

他的指導教授是當時的國安局長陳明通。

一、被放大檢視是候選人的宿命
攻擊林智堅、拉下陳明通，外溢影響北北基桃選情

在任何事件、場景、故事中，都存在著「矛盾真相」——述事者從真相的多元面貌中抽出對自己有利的部分，來影響你的態度和行為，進而達到自己的目的——這種真相運作機制，早在潛移默化中改變了你的選擇。

—摘錄自海特・麥當納《後真相時代》（Hector Macdonald《Truth：How the Many Sides to Every Story Shape Our Reality》，2018）—

林智堅的論文為何會引起社會廣大關注，甚至演變成「論文門」事件？最主要的，恐怕是因為他參與了一場重要的選舉；再加上指導教授是國安局長，足以讓政敵與對手太興奮而下重手。

說起臺灣政壇的「論文風暴」，近期最受矚目的莫過於 2020 年高雄市長補選期間，時任高雄市議員的李眉蓁被爆論文抄襲而遭中山大學撤銷碩士學位。

可能是這起事件所造成的效果，「鼓舞」了異黨政敵或同黨對手比照辦理。甚至進化到：不必拘泥真假，不需檢視答辯，先出手、夠狠辣，便可搶得上風、達成目的。

王鴻薇、徐巧芯先後出手攻擊，也取得選戰勝果

2022 年 6 月 22 日民進黨中執會，甫通過徵召提名時任新竹市長的林智堅參選桃園市長。不到兩個禮拜的時間，臺北市議員王鴻薇立即在 7 月 5 日召開記者會，指控他中華大學碩士論文涉嫌抄襲。其實早在林智堅參選 2018 年新竹市長時，就有網民討論過他的中華大學碩士學歷，但因迴響不大且當選又連任，或許造成他天真地認為自己已經在此議題通過考驗？！

也是 7 月 5 日，媒體人黃揚明、臺大國發所退休教授杜震華等人也公開表示，林智堅的臺大國發所碩士論文，與該所另一碩士生余正煌的論文「許多文句幾乎一模一樣，令人費解……分析原始資料均是相同的民調資料，整體結構也幾乎相同，實在讓人看得有點傻眼」、「有高達七成一樣，在『研究概念』和『研究方法』部分的雷同率高達 88%……而兩人當時的指導教授，正是現任國安局長陳明通」。

雖然林智堅在第一時間立即開記者會澄清表示：

1. 其論文內容與資料都是出自於他本人之手，包括問卷的設計、回收，資料分析等，整個過程都有參與，強調自己才是原著，沒有抄襲。

2. 余同學是透過教授介紹後向他借了資料參考，而他因為擔任市長比較忙碌，因此才會比余同學晚交論文。

他並強調自己經得起檢驗，批評這是選舉抹黑。

林智堅的指導教授陳明通亦發出聲明澄清，「是余正煌拿林智堅的資料寫論文，問卷的原始設計者是林智堅及其競選團隊，怎麼寫也是我先指導林智堅。」

但因為正值選戰開打，對手陣營緊咬此議題不放，並加大火力，持續擴大延燒，絲毫不顧。

殺紅了眼，敵人、對手、夥伴，沒人聽得下事實的澄清

7月6日，國民黨臺北市議員徐巧芯發送正式信函給臺灣大學，具名檢舉林智堅論文涉嫌抄襲余正煌論文。臺大隨後也發出聲明表示，將依據「論文違反學術倫理案件處理要點」進入處理程序，經審查檢附事證後確認是否受理；若受理，會請所屬學院組成審定委員會於 2 個月內完成審定。

7月8日，徐巧芯在臉書發文說，收到臺大教務處正式回覆：已通過要件審查，確定受理。

在 2022 年這場九合一大選中，林智堅的論文之所以會演變成如此大的風波，除了他本身是執政黨所提名的直轄市長候選人之外；另外一個很重要的原因應該是，他的指導教授陳明通是當時的國安局長。所以當這個名字在這起事件中出現時，政治嗅覺稍微靈敏一點的人，應該可以聽到林智堅的對手陣營正興奮地集體發出一聲：Bingo！

於是自此各式各樣、光怪陸離的陰謀論更如雪片般亂飛，風暴也越滾越大，終至難以收拾的慘痛代價。

如今回想，是否還有更好的回應方式？

現在回顧整起事件，雖然在選戰期間，很多事情常會因為戰略考量，而難以解釋清楚，但陳明通本身是研究選舉的專家，事發當時他與林智堅均火速地作了回應與解釋，卻似乎仍不被社會大眾接受。不禁令人好奇：若以後見之明，當時他們還有更好的回應方式嗎？

對此陳明通表示，面對王鴻薇與黃揚明等人的指控，嚴格來講，他並沒有正面回應。「論文門」事件一開始時，陳明通曾發表兩次公開聲明：第一次是 2022 年 7 月 23 日，由於該聲明發表後仍引起社會各界的指摘，而且諸多指摘論點與事實不符，因此 2022 年 7 月 31 日他再發表第二次聲明。

但因為在選戰期間，各方「意在攻防，不在真假」，上述這些聲明的效果非常有限，社會大眾在被操弄下，也似乎不接受。再加上國安局當時政務相當繁忙，實在無暇他顧，因此後來選擇採取「陳局長不回答陳教授問題」的消極策略，希望不捲入這些紛擾。

但是熟悉選戰的陳教授也深知陳局長在這個戰場選擇不回答，必然讓對手更大舉「趁虛而入」，各種扭曲事實的認知作戰當然趁機大量出籠，甚至擴大氾濫到試圖摧毀他的整個「人設」。

當時是否還有更好的回應方式？「坦白講，不是沒有的」陳明通語重心長地表示，「但是凡事都有代價（trade

off），因為他們的目的就是要把我拉下國安局長這個位置」，所以才會一天到晚要他「知所進退」，對此陳明通何嘗不知？只要他離開位置，砲火就可以減弱很多，就好像林智堅退出桃園市長選舉一樣。

國安局事關國家安危大局，陳局長無暇兼顧陳教授

由於論文相關事件都是發生在 2016 年，根本跟他 2021 年後擔任的國安局長職務無關。再加上國安局的業務相當繁忙，特別是 2022 年，真的是多事之秋：

1. 年初爆發烏克蘭戰爭，國安局是最早研判出普丁會攻打烏克蘭的單位。戰爭開打後，更被要求綜整各方情資向上頭報告，如此一直持續一段很長的時間。

2. 四月又碰到美國眾議院議長裴洛西欲來臺訪問的事情，最後雖然因其染疫而延期，但國安局始終把此列入專案業務，果然裴洛西八月來臺。

3. 七月陳明通率團訪問泰國後，剛好碰上安倍首相遇刺身亡；安倍生前所言「臺灣有事，就是日本有事」成為遺訓（legacy），故就此與日方友人交換意見，獲得相當程度的共識。

4. 八月裴洛西來臺後，北京發動「圍臺軍演」，情況更勝「九六臺海危機」，飛彈落入日本專屬經濟海域，坐實了安倍首相的預言，益見臺日交流的重要性。

5. 「圍臺軍演」後，陳明通積極與美方友人就「圍臺軍演」中共的戰略企圖與未來可能的行動，交換意見，最後達成某種程度的共識，這對臺灣的國家安全極為重要，也讓「疑美論」者沒有見縫插針的機會。

6. 十月中共舉行20大，決定新一代領導班子及政策走向，陳明通表示他是最早在立法院公開指出7個政治局常委有可能「四進四出」，習近平贏者全拿（有別於一般傳聞的「二進二出」或「三進三出」），而結果也正如他所預料。

「凡此種種都必須花相當的功夫與時間去綜整研判，才能不負職務所託」陳明通不禁感嘆，因此他根本無暇也沒有心思跟外界糾纏論文抄襲事件，更不能允許因為分心處理此一事件而影響國安局的職能。才一再以「陳局長不回答陳教授問題」回應，他個人也因此承受相當大的屈辱，一切可說都是以大局為重。

二、媒體也嗅到了血腥味

自媒體帶風向→特定傳媒擴大報導→網軍全面發動

傳統戰爭有所謂「兵馬未動，糧草先行」之說，現代戰爭的樣態則是「兵馬未動，輿論先行」。

打選戰更是如此。在選戰中製造輿論「帶風向」，所耗費的成本遠比用組織動員低廉許多，甚至有時還能「不戰而屈人之兵」。

在輿論的叢林戰場上，正面闡述自己政策牛肉流於枯燥乏味，不如摧毀對手「人設」的負面文宣「扣人心弦」，且有機會「一招斃命」。

2022 年的九合一選舉中，就其過程和結果，我們可以發現一種輿論戰的「進階版」：

運用網路自媒體，結合政治人物或網紅，以揭弊、爆內幕為主要內容，用辛辣敢言的風格，對特定政黨或政治人物進行「毀滅人設」式的攻擊，為諸多對特定政黨不滿的民眾，提供抒發怨念、宣洩恨意的管道。政治人物或網紅除了可以藉此來「圈粉」、增加個人聲量外，還可以獲得「抖內」（更「爽」的是，透過電子支付的金流，政府往往很難或無法監管）。

輿論戰進階版：仇恨動員摧毀防疫功臣陳時中

所謂「愛有排他性，恨有連結性」：一群人共同去愛某個人，這群人彼此間就會爭寵而易生嫌隙；但如果他們共同去恨某個人，卻往往可以成為同仇敵愾的「復仇者聯盟」。這種「一條龍」式的輿論操作，就是「仇恨動員」。

2022 年，還處於新冠疫情長期肆虐全球的陰影中，雖然和其他大多數國家相比，臺灣執政當局的防疫表現都算是「資優生」，但在野陣營卻成功地利用人民對疫情造成的利益受損、生活不便、心情苦悶……卻找不到出口的心態，製造各種「偏頗輿論」。包括攻擊候選人、打擊政府威信，並讓大眾產生「相對剝奪感」，對執政者的任何政策都生出莫名的「仇恨值」。

例如當時的防疫指揮官陳時中，因為防疫工作表現穩健出色，獲得執政黨提名出馬競選首都市長，但後來竟被在野陣營，用種種錯假訊息、不實數據形塑成「謀財害命」、官商勾結、甚至「鹹豬手」等「高仇恨值」的官員，而終致以敗選收場。

同樣的，「論文門」事件也可說是同一種套路，即先用某些似是而非的偏頗訊息，讓大眾產生相對剝奪感，隨後再進行仇恨動員。

例如，在正式向臺大檢舉林智堅的論文涉嫌抄襲的同時，徐巧芯在 2022 年 7 月 6 日臉書發文便說：

「……我還記得自己高中的時候，第一志願跟其他的同學一樣都是臺大。好好念書，翻轉原生家庭的社會階層，是很多家庭給孩子的壓力與期待。但現在才發現，這好像被例如陳明通這樣的教授搞成一場笑話（而他還可以高升國安局長），如果你有錢有勢，即便在最高學府都可以洗到學歷，一篇研究架構大規模抄襲的論文也可以被放水，順利拿到學位。」

其實，除了對疑似被抄襲者可能產生權益受損外，一般社會大眾理應鮮少會在這起學倫事件上「實質」被剝削；但徐刻意將自己（以及大多數人）年少時的心願、以及對全國最高學府的崇敬心態，和這件事情巧妙地編串在一起，藉此讓原本不相干者產生一種「林智堅憑什麼可以不勞而獲」的「同理心」，就是在營造一種「相對剝奪感」，企圖讓一般社會大眾對此事件產生「恨的連結」。

相同套路，長達半年全面攻擊林智堅、陳明通

實則，整個事件中，使用許多關於論文寫作的偏頗認知、對事件當事人的種種未經查證、「想當然耳」的偏頗描述，在負面選舉及仇恨動員下，毀其「人設」仍然是很有效的選戰攻擊策略。特別在臺灣，在「選賢舉能」的迷思下，選舉好像在選聖人，不容許有任何道德瑕疵，因此一方面把自己包裝成完美的聖賢之人，另一方面極力打擊對手，讓對手成為很不堪的人，就成為此事件得以延燒的一種社會條件。

事後回顧，陳明通發現自從林智堅被告發論文抄襲，網路社群媒體、電子媒體、平面媒體，就對林智堅及他發動一連串的攻擊，直到「九合一」選舉結束才稍歇，可以說長達半年的時間。

「偏頗輿論」和「假新聞」的不同

許多人常會以為「認知作戰」就是散播「假新聞」；但從以上的例子也可以看出，在選戰中，許多「陰謀論」的形成，都不是由散播者「原創」，大多時候他們只需丟出一些「暗示」（並以此來規避大部分的法律責任），巧妙放大特定的「偏頗輿論」，其餘的「弦外之音」都留給閱聽者自行「腦補」。這才是認知作戰的核心。

所謂「偏頗輿論」和「假新聞」最大的不同，在於前者的「部分真實」或「虛實相間」。先用「部分真實」作為掩護，取得對方信任的同時，順便挾帶虛假的那個部分；也就是先讓對方「包裹式」地相信整個論述，再偷渡一些自己真正想要傳遞的概念，這也可說是一種傳播上的「木馬屠城」。

而因為平常有了一系列偏頗輿論，預先對大眾作「心理建設」，即對大眾進行「洗腦」，到了關鍵時刻再丟出「假訊息」，此時不管該訊息多麼邏輯不通、荒誕不經，都會有人深信不疑，並樂於為之廣傳。

通常的模式是先在臉書、PTT、Dcard 等社群網站抹黑、造謠（有真有其人者，亦有假帳號者），隨即電子媒體就加以報導，政治人物、電視評論名嘴紛紛加入戰局，隔天再以平面媒體在顯著的地方（頭版頭或二、三版頭）大幅報導，甚至不斷地寫社論要他「知所進退」，辭職（國安局長）下臺。

而在野陣營也常製作圖卡極力抹黑、諷刺他及林智堅，在網路社群媒體散播。例如用他跟林智堅的名字，創造「通堅（通姦）二人組」的圖梗，讓臉書、LINE、Telegram 等私密群組不斷流傳，達到醜化他跟林智堅的目的。

中國介入，試圖將「論文門」提升到人設全毀

值得一提的是，陳明通發現對岸也不放過機會加入這場戰局。最明顯的方式就是與在地協力者相互呼應，他想起有一次看到電視名嘴說要帶領歷屆所有臺大畢業的學生上街遊行，要求臺大嚴辦論文抄襲案。過幾天相關訊息就顯示，對岸在下指導棋，鼓動在地協力者要求臺大校友站出來，上街頭抗議，為拯救臺大，一定要查清楚。讓他頗有「原來如此」的感覺。

而陳明通在檢視「論文門」事件中，所延伸出的一些「陰謀論」之後，更令他相信本案並非單純學術倫理問題，實為一場選舉政治鬥爭下的產物。因為他發現當時外界確有

幾股力量撲天蓋地要毀他「人設」，趁機想拉下他國安局長的位置，並藉此打擊政府的威信，製造人民對執政黨的不滿。

他舉例在臺大學倫會判決林智堅抄襲後，2022 年 9 月《爆料公社》網站爆出陳明通在 7 月初用公費前往泰國湄公河旅遊，國民黨立委李德維、民眾黨立委蔡壁如質疑，他此時出國是為論文風波避風頭。

對此陳明通指出，2022 年 7 月他應泰國有關方面的邀請率團赴泰國訪問，事後對岸就利用「論文抄襲」事件，捏造他攜女友赴泰國遊河避風頭的假新聞。透過駭客竊取訪問團的名單及入境臉部辨識照片，在網路上散播。

陳明通無奈地表示，很可笑的是，他們所捏造他所攜帶的「女友」，經查只是前後入境的臺灣旅客，彼此根本不相識。第三方友人後來對我方透露，駭客是從泰國靠近中國的邊境海關電腦駭進去的，來自對岸的訊息也顯示，是他們在當地的人所為，而不是中央的授意。

長期熱心幫臺大募款，也被操作為弊案

2022 年 11 月 23 日，王鴻薇在臉書上表示，2016 年 3 月 23 日，新竹物流前營運長陳榮泉以新竹物流公司名義，捐給陳明通臺大研究案 200 萬元，這筆錢捐得很急，當時陳明通的研究案連會計項目都沒有就直接撥款，九個月後，

陳榮泉再次向陳明通捐了 200 萬元,「短短時間,給了陳明通 400 萬元,到底所為何事?」暗示陳明通接受林智堅金主 400 萬,護航林智堅抄襲過關。

此事臺大校方在第一時間公開澄清,外界所提及 2016 年間捐贈案,皆依照「國立臺灣大學受贈收入收支管理要點」辦理,經費使用須有合法單據,且符合會計規則及捐贈目的用途始能核銷。

陳明通說,當時曾有記者不曉得採訪了誰,編造一大篇虛偽不實的污衊故事,幸好報社編輯臺向他求證後,未加刊登。但這個「毀陳」集團就把這些編造的內容丟到 PTT,然後透過社群媒體對外擴散,吸引民意代表出來質問、批評,讓「論文門」事件的「陰謀論」再添一筆。

政治鬥爭果真讓人無法相信「無私」？！

事實上，阿通師長期經常為系所院，親自或央請朋友向企業界人士募款。捐款者一定會拿到法定憑證，款項「金流」也一定直接到憑證上的受款者，沒有一毛錢流進他的口袋。

2016 年，時值阿通師回到學校任教，並兼任臺灣大學社會科學院中國大陸中心主任，為讓中心可以維持順暢運作，讓工作同仁可以有穩定收入來源而減少異動，因此到處拜託勸募。

「新竹物流公司」營運長陳榮泉先生也是由朋友介紹認識，他對陳明通在中國大陸研究中心所籌組的「兩岸談判研究團隊」相當支持，並肯定中心對臺灣的政治發展，國家安定的價值，當場慨允捐贈 400 萬，分兩期給付。

整個募款過程與林智堅一點關係也沒有，更沒有所謂的「對價關係」。對於此事造成好意捐助的陳榮泉先生諸多困擾，阿通師更是道不盡的抱歉與遺憾。

三、進入選戰模式，彷彿「秀才遇到兵」
有理說理沒人聽；信口開河竟可直播帶風向

> 許多包括部分學者、教授在內的「非當事人」，對本案所牽涉的「著作權」的詮釋，實在過於「粗暴」。
>
> 主張並堅信「林智堅抄襲」者，在面對諸多指證無言以對時，總是撂下一句：「反正就是『先畢業的先贏』，這是論文寫作的國際鐵律」。但，真的是這樣嗎？

在日常生活中，「對話」常扮演著人與人之間溝通的橋梁：不預設立場，單純只是想與人溝通，我們大多都會保持開放的心態，客觀地去訴說或傾聽。

但到了選戰期間，交戰雙方以及各自的支持者比較像是律師間在法庭的答辯攻防、甚至是戰場上相互叫陣的「心戰喊話」。這種「選舉語言」，旨在快速煽動情緒，所以力求簡化、直白，如此才能易於散播、產生力量。什麼說理、學術、情義……都過於複雜、艱澀難懂，不是被跳過，就是空惹問「誰信？」

「先畢業的先贏」，真的是論文寫作的國際鐵律嗎？

這種現象最明顯的，莫過於在此事件中，許多主張並堅信「林智堅抄襲」者的「非當事人」（包括部分學者、教

授），不是對本案所牽涉「著作權」的詮釋過於「粗暴」；就是面對諸多指證無言以對時，還能隨口摞下一句：「反正就是『先畢業的先贏』，這是論文寫作的國際鐵律！」最無言的是，還是有人一窩蜂相信。

著作權法重在先完成著作，而不是「先畢業先贏」

正如著作權法第 10 條的規定：「著作人於『著作完成時』享有著作權。」因此，大致可以這麼說：

1. 如果先發表者（以下簡稱 A）跟後發表者（以下簡稱 B）內容有一部分一樣，或許有可能是 B 抄 A。但是，若如以下情形，則另當別論。

2. 以上前提是 A 發表的必須是自己原創的，也就是說，A 要指控別人抄襲的前提，必須是 A 有著作權。

3. 尤其，如果 B 雖是後發表，但有足夠物證、也有指導教授人證，證明 A 的部分內容使用了 B 與指導教授討論完成在先的著作物；那麼，A 便無法主張此部分享有著作權，也當然無法主張 B 抄襲。

所以，真正的「鐵律」並非「先畢業先贏」，而是：A 指控 B 抄襲的部分，必須他是原創作者，具有原創性，才擁有著作權，才可提出指控。

但是，如此對著作權的詮釋，本就不是三言兩語可輕易解釋清楚，而且聽者可能到第二點就失去耐心；更何況是在以「辯倒對方」為主要目的的選戰期間，更是「秀才遇到兵」。

原本，大眾傳播媒體的大多數記者，遇到這類具專業性質的問題時，大都具有訪問或請教其他學者專家的職業素養。遺憾的是，在選戰期間，通常得到的結論也會因「立場」而異；更何況部分媒體為了製造「新聞效果」，刻意強化報導「衝突意見」，以突顯「劇情張力」！

這讓我們不禁好奇：像論文寫作這樣的議題，記者究竟該找誰來談會比較「客觀」？

到處有路人甲專家：媒體記者無從或不想辨識

陳明通表示，據他的觀察，現在的臺灣社會選戰頻繁，特別是網路自媒體出現後，幾乎每天都在政治攻防，因此只要碰到選舉政治就很難「客觀」，幾乎都在操作認知作戰，真是「毀人不倦」！

他認為，論文寫作雖然算是比較專業，但是教導論文寫作的專書也不少，其實也沒有那麼困難。重點是寫成論文背後的研究，所謂「沒有調研，就沒有發言權」；其次是必須具備理解調查研究的專業，才能書寫調研的結果。只不過，「在此事件中，很多專業不在此的『路人甲』、『路人乙』卻充當內行，說得好像真的一樣，一些有政治立場

的記者就喜歡去採訪或報導他們，然後誤導整個社會大眾」，其中還不乏「有頭有臉」者，著實讓陳明通頗有「秀才遇到兵」之嘆。

其中，時任臺北市議員的徐巧芯也跑出來蹭聲量，開網路直播捏造他有一個「新竹大研究」，其概念大約是由他撰寫最基本的「公版」之後，再請余正煌去補充內容，變成「公版」，再讓其他的學生，包括林智堅，去按照「公版」的內容去發揮云云。

阿通師當時根本無意這樣的口水戰，只能既感慨又無奈，不知這位當紅的「路人甲」是誤信余正煌的說詞？還是另有高手指導？或是自己羅織編造的？

陳明通也完全不知道徐巧芯口中的「新竹大研究」是什麼？

如前所述（請見第 47 頁），阿通師為研究、發表「柯文哲現象」的外溢效果，向林智堅借用民調資料；之後贊同林智堅的論文善用這些民調資料撰寫蔡仁堅的「槓桿者」效應。最後才是為了幫助余正煌如期交出論文，而建議他使用一樣民調資料撰寫「林智堅勝選的政治社會基礎分析」論文，這樣單純的事情莫名其妙就被稱為是什麼「新竹大研究」，阿通師感嘆道：「真令人無言！」

徐巧芯竟說：是調查局把新竹市分成東、北、香山三區

阿通師順帶提到，徐巧芯開直播指出，余正煌是調查員，所以按照調查局的區域劃分方式，把新竹市分成東區、北區、香山區三個行政區，足以證明「怎麼可能是余正煌抄襲別人？」並說，為什麼這樣分，「林智堅回答得出來嗎？」

徐巧芯直播
請見 23 分 06 秒開始

這實在是讓人傻眼到極點。

行政區域的劃分是內政部的事，跟調查局無關；重點是，新竹市現今分成東區、北區、香山區三個市轄區係 1982 年新竹市升格為省轄市後，1990 年重新劃分行政區而來，是人盡皆知的事，何況林智堅 2014 年已是新竹市的議員，當然更清楚，只有住在臺北的徐巧芯不知。林智堅 2014 年競選期間所設計的問卷，詢問受訪者的戶籍地在新竹市的哪一區，很清楚地選項就是東區、北區、香山區，遠早於 2016 余正煌撰寫論文的時間，余是拿人家的問卷資料寫論文，徐議員怎說成是根據調查局獨有、外人不知的分類？

更讓人難以置信的是，這個「路人甲」徐巧芯如此歪理又毫無顧忌的偏頗發言，竟然真的還有很多人相信，包括臺大校長陳文章竟都相信有這樣的一個「公版」！也難怪她會張揚說出「神擋殺神、佛擋殺佛」的重話、甚至在直播時飆粗口、比中指，用這種方式贏得當年其所屬政黨的

立委黨內初選提名，並順利當選。真令人不解這個社會到底怎麼了？！藍營又到底是怎麼了？！

「公版」是什麼？想問一定問得到

對此陳明通再次強調，事實是：

1. 所謂「公版」指的是國發所開列的「碩博士學位論文研究計畫格式規範」、「碩博士學位論文格式規範」，這在國發所的官方網站都可以找到並下載，部分國發所的師生私下稱它為「公版」，此點他在接受學校調查時就一再敘明。

碩博士學位論文研究
計畫格式規範

2. 阿通師指導林智堅按照「公版」的格式規範撰寫研究計畫及論文，指導余正煌亦是如此，這是在履踐所方的要求。

3. 當時的研究生、研究助理都知道，余正煌不是陳明通的指導學生，也不是助理，而且畢業年限在即的他，無從也沒時間、沒能力幫別人製作什麼「公版」。

另一位路人乙專家：誤解／誤導「中介變項」

在向教育部檢舉陳明通的第三封檢舉函中，有位「路人乙」充當內行，說可以藉由「中介變項」這個統計模型中的 DNA，去判斷余、林論文雷同的分析模型，到底是從誰的研究架構而來，從而判斷是誰抄誰？

該檢舉函以余正煌的研究架構有中介變項，在表 3-17 林智堅支持度的「二元勝算模型」模型二中指證歷歷，認為「藍綠陣營」、「欣賞候選人」及「為新竹帶來改變」這些模式二新增的變數，就是「中介變項」，是余所創設的，而林智堅抄襲余正煌，雖然也有中介變項，但卻是「洪仲丘事件」、「太陽花學運」、「對馬政府的不滿」，簡直「牛頭不對馬嘴」，也沒有在統計模型中出現。

阿通師說這個「路人乙」根本不知道表 3-17 的統計模型是他設計的，表格的內容也是他用 SPSS 跑的，整個表格更是他繪製的，早在 2016 年的 1 月 5 日就給了余正煌，直到論文完成，余連一個數字、一個符號也沒有更動過。當初他設計這個統計模型時就沒有「中介變項」，哪來的 DNA 去判斷誰抄誰？

阿通師坦言：「中介變項是什麼？余正煌根本就是一知半解，他看了一些文獻有中介變項，就重新調整我給他的研究架構，把原來我設定為獨立變項中的政黨認同、候選人取向、政見取向三個變數改成中介變項，放進他研究架構。」

「然而，如果要把政黨認同、候選人取向、政見取向當作中介變項，他必須一一分析：獨立變項性別如何透過政黨認同、候選人取向影響投票行為？年齡如何透過政黨認同、候選人取向影響投票行為？教育程度又如何透過政黨

認同、候選人取向、政見取向影響投票行為？」

「但余正煌沒有這樣做！」陳明通不禁婉惜的搖頭苦笑。至於林智堅的中介變項是論文口試委員要求加上去的，但原始問卷並無此設計，亦無法跑統計模型，妥協的結果就把它當成政治環境變數加以論述。

我們不能確定，以下阿通師深入淺出、耐心解說「中介變項」，是否有人會逐字閱讀？讀了是否可以心領神會？但絕對可確定的是：像這樣開啟「秀才模式」來解釋問題，在選戰期間，遇上的恐怕多數都是臉上冒出「黑人問號」表情的「兵」吧？

就好像在選戰打得昏天暗地，競選宣傳車震天價響、招搖過市時，沿路的支持群眾們彼此既無法對話，也沒空理會旁人在說什麼？更遑論去分析他說得有沒有道理，在理性缺席的情境下，這註定是一種無效的溝通。

陳教授淺釋：什麼是「中介變項」？

阿通師「學者魂」再度上身：「過去我們在談中介變項的時候，通常是使用『態度量表』，例如民主量表、權威人格量表，我們覺得政治或社會心理變數才是真正可作為中介變項的。

而議題取向、候選人取向很少作為中介變項，政黨認同勉強可以，因為認同有一個政治心理的作用，但議題取向不能算

是政治心理的東西。議題取向、候選人取向其實是投票行為中的『短期因素』，相對於個人社會基本背景的『長期因素』。」

陳明通當時雖然認為余正煌不太懂，但對一個剛開始寫這些東西的學生，作為老師不應該阻礙他學習的過程，也就是允許他犯錯，陳明通看到他這樣寫，也沒有多說。

「更重要的是『中介變項』不是隨便說說而已，要透過統計模式去跑出中介變項的效果，但余正煌始終沒有來找我跑這一部分的統計。」陳明通表示，要談中介變項的統計模型怎麼跑，他首推 Baron, R. M. & Kenny, D. A.（1986）. The moderator-mediator variable distinction in social psychological research: Conceptual, strategic, and statistical considerations. Journal of Personality and Social Psychology. Vol 51（6）, pp. 1173-1182.

這篇截至目前為止被引用超過 12 萬次的論文，簡單來講要驗證中介變項的影響力是否達到顯著水準，要經過四個步驟：首先要算出獨立變項對依變項的影響力是否達到顯著水準；其次要算出獨立變項對中介變項的影響力是否達到顯著水準；第三要算出中介變項對依變項的影響力是否達到顯著水準。

最後把獨立變項與中介變項一起擺進來，計算對依變項的影響力，這時候如果獨立變項的影響力小於第一步驟的影響力，甚至接近於 0 且不顯著，而中介變項的影響力仍然顯著地存在，則可以證成中介變項的影響力存在。

四、人人有書讀，落得人人有死穴
政治人物進修，本是勤奮向學、從政品管的美談

> 雖然讀書多寡與人品高低不一定成正比。但處理公共事務者若能多精進專業技能、多培養學識底蘊，也算是民主政治的一種品質管控。
>
> 「論文門」效應造成政治人物進修卻步，也導致大學招考碩士生困難，或許應該事過境遷想想兩全之策。

古人有云：「仕而優則學，學而優則仕」，「萬般皆下品，唯有讀書高」。而現代的「仕」，也就是政治（行政）工作者，如果能多個好看的學歷，且不管實力是否變優，總是工作上容易加薪晉升，政治上容易博得選民信任、師長前輩肯定。

政治人物進修本可提升民主品質，怎就成為致命死穴

萬萬沒想到，想要藉著讀書拉高競爭力、能見度，這幾年詭譎多變的臺灣政壇卻把論文當作選戰政治攻防武器。候選人的學位，反倒成為許多政治人物的死穴，甚至更多人選擇隱藏。

客觀公平而論，雖然讀書多寡與人品高低不一定成正比。但無論如何，我們總是希望現在或將來可能握有權力、處

理公共事務的人，能夠多精進一些專業技能、多培養一些學識底蘊。因此，鼓勵政治人物公餘進修，也算是民主政治的一種品質管控。

不是政治／行政背景的碩專班學生通常是因為大學畢業就業後，總覺得社會方方面面都在進步，或大學學歷顯然有所不足，因此會想再來進修，同時又可以多認識一些同學，多結交一些朋友。

何況到臺大來念書是很多人的夢想（例如徐巧芯）。還有不少學生，已經在其他學校拿到（一個以上）碩士學位，但仍覺得到臺大來念書，人生才無憾。陳明通常笑稱為「蒐集碩士學位」達人！

事實上，國發所的在職專班生很多是軍公教人員來進修的，大企業老闆不會來，醫生更不會來，所謂的政治人物就出現那麼幾位。遺憾的是，有良善的動機卻不一定有完美的結果。如今政治人物的公餘進修，不但未能成為勤奮向學的美談，反而動輒成為握在政敵手中的把柄。

至於說林智堅由助理代寫論文，這種謠言實在很傷人。他是在議員時期就讀國發所的，當上市長後，因為隨時可能有政務要聯絡處理，所以會有行政秘書隨行，所有擔任過縣市首長者應該也都理解。

至於助理是否有能力寫論文？陳明通指出，每次的論文討論都是智堅本人親自參加、接受指導；林智堅寫出來的成果，特別是關鍵的研究設計，都是陳明通逐字檢查修改的，他不相信有哪個助理有這樣的功力可以代筆。

　　政治人物學習、進修本是好事一椿，但如今卻因為選舉的惡鬥，使得論文像是綁在學生、教授身上的「不定時炸彈」（更不幸的是，遙控器卻總是在政敵手上）。如此情勢已帶來明顯後遺症：大學確實很難做好招生宣傳，許多學校恐怕要更擔心碩專班招生不足，導致拖垮財務。

各國均有碩士不必寫論文先例，或許是釜底抽薪之策

　　陳明通認為，碩士論文本來就是綜合過去所學的「習作」，不管是一般生或在職專班生，少有是獨立研究的成果，創見更不用談，這是學習的進程使然。而以社會現在這種氛圍，他覺得斧底抽薪的辦法，就是推動「學位授與辦法」的修改，向國外看齊，碩士學位或者至少是碩專班不用再撰寫論文。因為只有要繼續博士深造者，需具備專業論文寫作能力。

　　畢竟，取得一紙亮麗的文憑、讓候選人登載在選舉公報上，本非教育的目的與初衷。讓政治人物「打天下」的同時，也多學習如何「治天下」，這才符合教育本意，也是國家之幸、人民之福。

第 四 章

大學歸大學

因「審定委員會」召集人尚未看到任何證據，

就未審先判稱之為「醜聞」，

並依法應迴避而未迴避：

註定臺大由本該立場超然的「公親」，

變成「事主」。

一、臺大學倫會如何公親變事主？

臺大授權社科院審定，巧助蘇宏達為所欲為

> 強雄：「還有球證、旁證加上主辦、協辦所有的單位，全部都是我的人，怎麼和我鬥？」
>
> ——摘錄自電影《少林足球》（2001）——
>
> 臺大教務處移請社科院：由院長另聘校內外公正學者專家六人，並自行擔任召集人，組成七人審定委員會。

臺大教務處分別於 2022 年 7 月 6 日、7 月 7 日接獲有關「國發所林智堅碩士學位論文涉嫌抄襲違反學術倫理」的檢舉，旋即根據《國立臺灣大學博、碩士學位論文違反學術倫理案件處理要點》（以下簡稱「要點五、」，請見第 105 頁）規定，於 7 月 8 日確認受理；並於同日函送社科院處理。

號稱「臺大學倫會」，卻由蘇宏達選聘全部委員

社科院則依「要點六、」，由社科院長擔任召集人，另聘校內外公正學者專家六人，於 7 月 17 日組成七人審定委員會，正式進入調查處理程序。

此一疑似違反學術倫理檢舉案，雖適逢選舉期間，而具有相當的政治敏感度，但若能秉持公正客觀處理原則、超

然之立場，依據要點規定辦理，亦可澄清事實，並據以釐清責任。無奈擔任本審定委員會召集人的蘇宏達院長，卻在某種不明所以的動機之下，橫生至少以下爭議，嚴重影響本案審理的公正性，並引發後續一連串的政治風暴。

蘇召集人以蘇院長身分發函學生，破壞程序「秘密」

（一）違反要點五、「其程序應以秘密方式為之」的規定

時任社科院長的蘇宏達院長在 7 月 22 日下午透過臺大社會科學院辦公室，向臺大社科院博士、碩士、學士和碩士專班學生發表一封信，將林智堅論文門事件稱為「這個醜聞」，顯然有失「未審先判」處理原則；也明顯洩漏秘密（請見第 105 頁「要點五、」）。

這封看起來像是古代用來聲討敵人、宣示罪狀的「檄文」，由於在審定委員會 7 月 25 日才開始進行實質審查，但是在此之前，蘇院長就逕自將本案以「醜聞」稱之，並且未曾提出「迴避」參與審定。確實讓人產生合理懷疑：是否藉此信讓學生們「先入為主」，口耳（網路）相傳？甚至試圖直接間接影響審定委員會？

臺大社會科學院蘇宏達院長給各級學生的公開信

各位臺大社科院博士、碩士、學士和碩士專班同學大家好：

時值酷暑，希望大家都健康平安。相信大家都已聽聞本院國發所碩士專班 2017 年畢業生論文疑涉抄襲一事。

此事弄得沸沸揚揚，已嚴重傷害臺大和本院的聲譽，亦引發諸多校友的關切、甚至憤怒，對於絕大部份兢兢業業、認真踏實的師生同仁，尤其是碩士班同學，極不公平。為此，本院已依規定成立審定委員會，由院長擔任召集人兼會議主席。委員會一定依據法規，毋枉毋縱，按歐美一流大學最高標準處理，全力捍衛臺大與社科院的榮譽。

由於依法必須全程保密，審理期間，我不會接受任何單一媒體採訪、詢問，一切由臺大公關室對外說明並聯繫。因此，媒體刊載關於個人的說詞或評論，純屬捕風捉影，均非事實，還請各位理解。待審理告一段落，若有必要，我必會公開向各位以及社會說明清楚，同時深入檢討並提出改革計畫，徹底消除導致本案發生的環境和結構。

這個醜聞也再次提醒我們誠實、紀律和榮譽的重要，各位一定要謹記在心，一生不渝。

在這一段辛苦的過程裡，還請所有同學堅守崗位，以真誠、行動和紮實的成績，再度擦亮臺大社科院的金字招牌。

行事風格與政治立場註定無法秉公處理

早在蘇教授尚未成為蘇院長之前，他便曾有諸多令人側目的表現。

例如，2018 年 9 月的「關西機場事件」（編按：是中國製造假新聞，搭配臺灣的「在地協力者」，對臺灣展開「認知作戰」，讓政府駐外單位人員，無辜飽受指責，竟導致折損一名優秀的外交官），蘇宏達竟冒用外交官身分發表了《誰殺了我們的外交官？一個臺灣外交官的痛心告白》的文章，批評民進黨政府。在遭踢爆他根本就不是現任外交官後，才出面坦承自己是該文作者，並刪除原文中「我們這群職業外交官」的字句。

另外，2018 年 11 月蘇於臉書發布《誰在消滅我們的故宮？你所不知道的民進黨文化大革命！》、《民進黨要消滅的不是只有故宮！》等影片，批評蔡政府的故宮政策，曾遭調查局以觸犯《社會秩序維護法》「散布謠言，足以影響公共之安寧」罪名，函送臺北市警局偵辦約談。

而論及蘇最廣為人知的事蹟，應該是 2018 年「臺大校長遴選事件」（即俗稱的「拔管案」或「卡管案」）中，蘇宏達主辦一場「臺大自主與校園民主座談會」，呼籲學生出來挺管中閔，並說免費請所有參加者吃飯糰。甚至寄校內信給他的修課學生，說出席這場講座寫心得可以抵一篇作業……。一度被學生戲稱他為「飯糰教授」、「挺管大將」，

也可見他從以前就很愛給學生寫信，很勇於表達立場。

（二）既公開表態，卻拒絕迴避參與審定

眼見擔任臺大學倫審定委員會召集人的蘇宏達，在尚未審定前就逕自以「醜聞」稱此案，根本就是「未審先判」，已踰越臺大社科院長、審定會召集人的分際。為此，林智堅委任律師向臺大申請蘇院長應迴避參與審查。

正如黃帝穎律師所述，依據〈專科學校學術倫理案件處理原則〉第 13 條第 2 項第 2 款：「有具體事證足認其執行職務有偏頗之虞者」及〈行政程序法〉第 33 條：「有具體事實，足認其執行職務有偏頗之虞者」，都是法律上應迴避的依據。而〈國立臺灣大學博、碩士學位論文違反學術倫理案件處理要點〉第 1 條開宗明義就寫道，應「公正客觀處理程序」，蘇宏達還沒看到公證書等有法律效力的證據，就未審先判稱「醜聞」，依法本應迴避。

臺大校方可曾省視如何儘量避免類此風波

然而，結果是全體無記名一致決定「駁回申請迴避案」，理由只有「無具體事實足以認定蘇宏達在本案執行職務有偏頗之虞」。如同黃帝穎表示，臺大駁回迴避的決定，並未詳述理由；且作成決定的委員，均是召集人蘇宏達所聘任，明顯「球員兼裁判」，駁回迴避的決定顯有瑕疵。

於是，原班人馬的委員所組成的審定委員會繼續負責本

案審理，蘇宏達繼續以召集人身分主持會議，這也使得臺大學倫會在本案所扮演的角色，註定由本該立場超然的「公親」變成自己也加入這場戰局的「事主」。

事過境遷，臺大校方可曾思考，比照「校評會」由校方組成常態專家小組，會同或檢視學院的審定（請見第 154頁），避免再有類此因一己之見之私而造成不可挽回的錯誤。

《國立臺灣大學博、碩士學位論文違反學術倫理案件處理要點》相關規定

～～本校教務處為受理單位，教務處於接獲檢舉案件後，經教務長及教務處人員於四個工作日內完成形式要件審查，確認是否受理。

因形式要件不符而不予受理者，以書面通知檢舉人後結案；對於受理之檢舉案件，移請被檢舉人所屬學院於十個工作日內組成審定委員會，並於接獲檢舉案後二個月內完成審定，其程序應以秘密方式為之（要點五、）。

～～審定委員會之組成、開會及決議，應依下列規定辦理：

（一）審定委員會由被檢舉人所屬學院院長、系（所、學位學程）主管、院長遴聘之校內外專業、法律領域之公正學者及相關專家共五至七人組成，原系（所、

學位學程）人員不超過三分之一，審定委員會之名單應予保密。

（二）審定委員會以院長為召集人並為會議主席。若院長須迴避時，召集人由教務長擔任；若院長及教務長均須迴避時，則由校長指定副校長一人擔任（要點六、）。

～～審定委員會得視檢舉情形審查被檢舉人之博、碩士學位論文，包含論文內容及結果之真實性、確認是否由他人代寫、比對文獻引用情形及審查論文原創性、貢獻度等……（要點八、）

～～必要時並得邀請被檢舉人之指導教授列席審定委員會說明（要點九、）。

～～經審定確認違反學術倫理情節重大者，應予撤銷學位，公告註銷其已發之學位證書，通知繳還學位證書，並將撤銷與註銷事項，通知其他大專校院及相關機關（構）；其有違反其他法令者，並應依相關法令處理。經審定未達前項程度，但仍有違反學術倫理情形者，審定委員會得限期命被檢舉人修正、公開道歉或採取其他適當之處置（要點十一）。

二、學倫會一錘定音，炮製世紀大冤案

分工完善，程控緊密，把林智堅從著作人審成抄襲者

> 王鴻薇召開記者會，具名檢舉陳明通，並公開說，「若成立則臺大國發所恐面臨停招、減招、無法獲得教育補助款等懲處。」接著，臺大無縫接軌，很快速地公布學倫會審定結果：建議撤銷林智堅的碩士學位，並對陳明通進行調查。

在社科院學倫審定委員會正式開始審理本案時，陳明通有感於連日來輿論中許多批評本案的說法已經越來越偏離事實，於是在百忙中檢視過往相關資料，準備向該會提出說明。

基於維護學生權益天職，阿通師終究選擇淌下去

阿通師為避免兩位學生被捲入，又在百忙中整理一份長達四千字的「聲明稿」，於 2022 年 7 月 23 日透過媒體發表，詳述本案原委，再次強調林、余兩人既無抄襲的動機，也沒有抄襲的行為，希望外界的批評不要「去脈絡化」，以免以訛傳訛（摘要請見 111 頁）。（關於林智堅與余正煌論文何以有諸多雷同之處，見本書第二章）

但這份聲明稿發表過後，不但未能平息社會各界對此的爭議，反而招來許多不同背景、不論是否熟悉論文寫作者，

透過自媒體，大眾傳播，不斷丟出各種質疑，這些質疑通常是以「看熱鬧」心態，把焦點放在「誰抄誰」？認為一定有個人是「抄襲者」、是「壞人」，應該被處罰、受報應。

但到此時為止，阿通師始終認為在「論文門」這個故事中，並沒有「壞人」，也沒有「誰抄誰」的問題。無論本於專業考量，或加上他是林智堅的指導教授、又實際指導余正煌論文，他應該比誰都更有資格來評判該論文是否涉及抄襲。於是他在 7 月 31 日再度發表《公開聲明文》，重點摘要如下：

兩人論文各有研究發現與價值，這才是論文寫作的重點

（一）兩人都依照同一個老師的實質指導，使用同樣方法論的實證研究法，相同的問卷、同一民調資料，進行「不同問題意識、不同研究對象」的論文寫作。

（二）兩人說明文字的雷同，是因為陳明通先修正林智堅的論文相關部分後，再交給余正煌做參考。但余並不清楚這些文字的來源屬於林智堅，而認為是陳明通的修改建議逕予以使用。

（三）陳明通認為，兩人論文各自有其研究發現與價值，這才是著作權的重點。批評者未著眼於兩篇論文各自的貢獻，反而一直從一兩個錯別字、或部分雷同的段落質疑整個論文「抄襲」，實在沒有意義。

然而，當時正處於選戰開打、朝野劍拔弩張的局勢，陳明通接連兩次的公開聲明，不僅未能得到他所期待的「釋疑」、「定紛止爭」等正面回應；反倒是他的每一次解釋，宛如「提油救火」，總引來在野陣營及協力媒體更多的非理性質疑。

　　例如，8 月 1 日，當時的臺北市議員王鴻薇召開記者會，砲轟陳明通稱「將林的論文給另名學生余正煌使用」，等同「犯罪自白」確定，明顯違背學術倫理！因此將根據《專科以上學校學術倫理案件處理原則》第四點第三款規定：「重要作者兼學術行政主管、重要作者兼計畫主持人，對所發表著作，或指導教授對其指導學生所發表之學位論文，應負監督不周責任」，向教育部及臺大具名檢舉陳明通。並意有所指的公開說，「若成立則臺大國發所恐面臨停招、減招、無法獲得教育補助款等懲處。」

　　8 月 9 日，臺大臨時通知媒體，上午 11 時召開記者會，時任臺大校長管中閔也到記者會致詞表示「感謝審定委員們能在不受外界影響下，投入大量時間和心力，依照『嚴格的學術標準』，完成了調查與審定的工作」，致詞結束即離席。

　　接著由臺大主秘王根樹、教務長丁詩同及身兼審定委員會召集人的社科院長蘇宏達等人一同出席對外說明調查結果：認定林智堅國發所碩士畢業論文確實抄襲另一位研究

　　　　　　　　　　　第四章　　大學歸大學

生余正煌的碩論，且情節嚴重，建議撤銷林智堅的碩士學位。另外，臺大也公開證實，已另收到關於林智堅指導教授、國安局長陳明通的被檢舉案，後續會再進行調查。

對此審定結果，陳明通在當時僅表示，此時正處在臺海及區域局勢動盪之際，國安團隊的任務是嚴守工作崗位，完整掌握所有動態。其他事務的紛擾都不該影響國安工作的進行，捍衛國家安全，仍是國安團隊的第一要務。如果臺大針對他啟動學倫調查，他將進行完整說明。至於林智堅及余正煌兩位學生論文寫作的完整脈絡，他之前已經完整說明，請各界明察全貌。

陳明通 2022 年 7 月 23 日聲明稿重點摘要

一，詳述林智堅和余正煌兩人論文題目的發想源起、寫作過程及陳明通指導兩人的先後順序，證明是先有林智堅的研究和資料，才會有余正煌的論文寫作。

二，解釋為什麼林、余的論文在第一章的研究設計，以及論文的章節安排有許多相似之處，主要是因為兩人都參考同一套，由陳明通指導學生論文寫作時所方所規定的論文格式範例。

三，因為兩人使用同樣一組由林智堅與其競選團隊原創出來的民調結果，陳明通要求學生使用別人所蒐集的資料時要忠於原先設計的理念，這不是抄襲，而是對原先設計者的學術尊重。因此林、余兩人在說明這些變數時就極為相似。

四，林、余兩論文最大的相同處在於「操作性定義」這一部分，陳明通認為所謂的「操作性定義」就是「一系列問卷的題目」，林、余兩人的論文既基於同一組問卷所蒐集的資料，在「操作性定義」當然會完全一樣，這不是抄襲，因為不完全一樣才是問題。

五，陳明通自認在臺大任教 30 年，共指導了近兩百位學生，並沒有超過所方所限定的指導名額；而其指導的學生，藍、綠背景都有，並非專為「綠營人士」服務，請外界對他的批評要本於事實，不要自行建構偏見。

2022 年 7 月 23 日陳明通聲明稿

三、誰把臺大變成「真理部」?
校方認定真相不實,還要追殺指導教授

> 「真理部」(Ministry of Truth)是英國作家喬治・奧威爾(George Orwell)所著政治諷刺小説《一九八四》中的大洋國四大政府機構之一。這個部門處理事務素以強權人為地強行偽造「真理」,與部名截然相反。
>
> 臺大在「論文門」事件把當事人的説明,一概視為脱罪的狡辯,把學術倫理的判定操作成政治鬥爭:以致「大學歸政治(管)」,「政治歸大學(管)」,這樣的臺大,已然淪為臺灣的「真理部」。

在尊重學術自由的前提下,論文的指導教授理應在學術判斷上享有比較大的話語(詮釋)權。

然則,若是主持校務者存有太過濃厚的政治立場,任由審定委員會召集人囂張發函給學生、「未審先判」卻拒絕迴避;全盤反駁指導教授對本案兩本論文的解釋說明;甚至還要追殺指導教授。無異於以至高無上、不容挑戰權威的真理部,指揮、認定「真相為何」。

把學術倫理的判定操作成一場政治鬥爭;把原本「大學歸大學」搞成「大學歸政治(管)」,甚至「政治歸大學(管)」,反而有違學術倫理。

學術與校園的最大災難：把「學生」當作「政敵」

尤其，學倫會還配合政治人物，大動作召開撤銷林智堅學籍的記者會，時任校長管中閔還親自現身致詞「加油打氣」，完全將「學生」當作「政敵」，無視其基本權益。如此陣仗，有效讓在野政黨可以像使用 ATM 一樣，不斷用來「提款」，以獲取選戰成果。例如 2024 的總統大選公辦辯論會，民眾黨提名人柯文哲還在用論文案跟卡管案來攻擊民進黨提名的候選人。

「偏頗」或許可為某方暫時得利，但當我們容許、授予任何一個單位用權力來定義真相為何，這個社會的認知基礎將會開始土崩瓦解，對身為學術殿堂的臺大而言，這或許才是本案所造成的最大災難吧。

從身為本事件的「重要關係人」，繼之又成為「當事人」，陳明通又是如何看待校園中，這種因為師生意識形態的差異，由於權力不對等，而可能造成的權益受損？

對此，阿通師表示，臺灣是一個民主開放的社會，老師在上課時談現實政治，甚至夾帶政黨認同立場在所難免，但他相信大部分的老師都能做到「學術中立」而不損害到學生的權益。尤其，任何師長對「政黨屬性」不同的學生，更應予以尊重，展現身為師長者的風範。無論如何，師長絕對不可濫用在校園中的優勢，把學生當作政敵來追殺。

如果林智堅不參選桃園市長，結果會如何？

在民主法治社會，對大學校園而言，當學生的政治立場與教授（或校方）不同時，教授（或校方）能不能做到「學術中立」而不損害到學生的基本權益？或者我們這樣假設：

～～如果今天林智堅不是民進黨的桃園市市長候選人，這宗學倫事件的結果會不會不一樣？

～～如果臺大校長不是管中閔，是否會客觀認為蘇宏達必須迴避、不得擔任「審定委員會」召集人？

～～陳明通可曾感受到自己在這個事件中「被針對」？如果林智堅的指導教授不是阿通師，蘇院長會「手下留情」嗎？

陳明通受訪時坦承，的確有感受到自己「被針對」。主要是當時的校長是管中閔，而社科院蘇院長是「卡管案」中的挺管大將，並曾成立挺管大本營「全國大學自主聯盟」。

「卡管案」發生在蔡政府時期，而陳明通又是蔡總統所任命的政務官，這大概是一種「移情」作用吧？因此他當時「被針對」的感受的確很強烈。甚至，事件發生之初，就有人向其透露，社科院把陳明通指導的所有學生的論文全部印出來，準備一本一本地檢視有沒有抄襲的問題。這完全違反所謂「抄襲案」不告不理的原則，這個針對性實在是太強了。

如果指導教授不是陳明通，管校長、蘇院長會如何？

「特別是蘇某某在事件發生之初就斷定這是『醜聞』，心證早已形成，把我所任教的國發所說成是『佛地魔』，而他是正義的化身，要全力以赴維護臺大聲譽，不容許我這個早已沒有學術良心的『政客』，濫用臺大名器，讓臺大蒙羞。」陳明通無奈地表示，這樣的心證主導後來的審定委員會議審議過程，根本就是「未審先判」，這其實已經接近「毒樹果實理論」了。

他想反問的是，當蘇宏達口口聲聲說審定過程如何認真嚴謹、可受公評，但為什麼偏偏無視於林智堅跟他提出，經臺北地方法院所屬公證人公證的有利證據；也不理會他第一個時間給審定委員會的書面說明中，詳細說明了他如何指導林余兩人的論文寫作過程。

特別是針對 2016 年 2 月 1 日他 email 給林智堅的研究計畫修改稿，足以證明余正煌論文的研究設計部分主要源自於此。但是審定委員會討論了老半天，一直質疑是不是林智堅寫的，不願意相信那是陳明通指導修改林智堅文稿的結果，任憑他再怎麼辯解都沒有用，如此造就了這場「世紀大冤案」。

四、你要相信臺大？還是民進黨？

又不是小學生，為什麼只能二擇一？

蔡英文送暖「相信自己的同志，支持智堅捍衛自己的清白」，在野勢力竟更盲目「為反對而反對」，打出「你要相信臺大？還是民進黨？」堂堂臺大學術殿堂，竟淪為對抗民進黨的另類「神主牌」！

2022 年 8 月 10 日，就在臺大大動作召開記者會撤銷林智堅碩士學位的隔天，當時身兼民進黨主席的總統蔡英文在中執會致詞請全體黨公職，團結一致，「相信自己的同志，支持智堅捍衛自己的清白」。

是誰把臺大捲入選戰，成為反民進黨的「神主牌」

蔡主席表示，有關臺大學倫會的決定，許多人都認為，林智堅所提出的證據都沒有被採納，但只要是完整看過兩本論文，而且完整了解事情來龍去脈的人，都願意選擇相信林智堅沒有抄襲。

蔡英文總統此番談話，被解讀為「總統力挺林智堅」，於是激起在野陣營莫名興奮的鬥志、促成反對勢力的大集結、成功地將「論文門」的戰線拉長、讓臺大成為選戰攻防的主要戰場……。在這種態勢下，恐怕連一般正常邏輯

都派不上用場了，更遑論要在一堆政客見縫插針、搧風點火的情況下，把論文的爭議講清楚？

例如，民眾黨黨主席柯文哲立即說，「蔡英文在逼臺灣人民在臺灣大學跟民進黨之間做個選擇」，一時之間「你要相信臺大？還是民進黨？」這句「製造對立」的話術，遂成為該次選戰中，在野陣營的「通關密語」，臺大竟成了反對勢力對抗民進黨的另類「神主牌」。

在選戰山雨欲來的緊繃氣氛中，如此似是而非的政治話術確實十分管用，甚至部分民進黨的政治人物都擔心，若質疑臺大的學倫審定，豈非「跟臺大對著幹」？！因而要求黨主席儘快切割此案、斷尾求生，以免影響選情。為了顧全大局，陳明通只有如上發表二次公開聲明；至於在立法院被詢問時，都以「陳局長不回答陳教授問題」帶過。

誰能代表臺大？誰來制衡校務、院務主管擴權？

如今，回到平常時期，大部分的人或許會覺得「你要相信臺大？還是民進黨？」是個很無聊的問題，這兩者幹嘛拿出來比：

～～臺大是享有高聲望的學術／教育機關，關於論文是否抄襲，當然臺大說了算數；重點在於，誰適合代表臺大、誰不適合？

～～陳明通是林智堅的指導教授，更是余正煌論文的實

際指導者，也是臺大的一分子，關於論文是否抄襲，應該有充分的發言權。

總不會因為他是民進黨員，或因為他是國安局長，就不能以臺大的學者身分說話吧！？

～～尤其，我們為什麼一定要像低年級小學生，只能在「是非題」選擇「是」（臺大）或「非」（民進黨）？難道不能依照正常邏輯、根據證據呈現的事實來做判斷，兩者全信或兩者全不信或……？

臺大因這起「論文門」事件，意外被捲入一場政治鬥爭，除了證明學術權威與政治力被互相轉換外，也讓我們思考一個問題：

如果在臺灣當下的政治環境中，論文這個議題，已足以影響到選舉的成敗；而大學又能主導論文、學位的生殺大權，且各校標準不一。那麼我們是不是無形中授予大學行政主管太大的權力去影響政治？以後誰來制衡這個權力？

學倫審定委員會宜比照教評會，決議前應提供再答辯機會

關於大學主管權力是否過大？陳明通認為，這還是要從精進學術倫理委員會的制度著手，依據臺灣大學對於各學院學位論文違反學術倫理，組成審定委員會的規定，委員包括所屬學院院長、系所主管、院長遴聘之校內外專業、法律領域之公正學者及相關專家共五至七人。委員會以院

長為召集人並為會議主席。可見在學倫事件中，院長居於主導地位，具有極大影響力，而基於程序保密的規定，外界既無從瞭解審定委員會的成員是誰，也不知道學倫事件審查的客觀標準以及決議是如何做成的。

但從這些委員的審定報告書即可看出，他們的專業性頗令人質疑。例如審定委員會認為：

「就選舉研究而言，操作性定義是說明原始問卷代碼如何重新編碼成迴歸分析中的各自自變量和依變量。」阿通師則認為，這個說法應該比較接近「編碼」（coding）。

阿通師指出，在問卷調查法中所謂的「操作性定義」就是「一系列問卷的題目」，也就是透過操作這樣的問卷題目（可以是面訪或電話訪問等等），來獲取受訪者對這個概念的認知、偏好或評價，因此在研究設計中才會列出問卷題目作為「操作性定義」。

審定委員會連 coding 與「操作性定義」都分不清，「這就是不夠專業的問題，找這樣的委員來開會真令人無言！」

所以，為了防止這類的弊端，或許可以考慮：

一、學倫會委員的產生像三級教評會委員的方式，分系（所）、院、校三級，由教師同仁選舉產生；並且要有任期制，不是任何人可以隨意更動的。

二、 對於是否抄襲，應該匿名送外審，找兩名以上具有專業的人士來審查，名單需在學倫會中討論產生。

三、 外審回來的意見，要提供給被指控的學生、指導教授答辯的機會，最後學倫會再就外審意見及答辯意見進行討論，經三分之二委員出席，出席委員三分之二通過，才能決定。

政治介入，大學淪為武器，將更陷招生困難窘境

制度面的改革精進，固然才是長久之計，但再完備的學倫規範，終究可能只是「防君子，不防小人」？有心利用學倫之名，行鬥爭之實的人，特別是在「論文門」事件中，嚐到甜頭或吃到苦果的政治人物，未來肯定也會不斷精進「知法玩法」的技能。不禁擔憂，屆時大學將被澈底「武器化」，且淪為政黨競選的工具。

在「論文門」事件後，檢驗政治人物學位取得的正當性，已經成為臺灣政壇的一種「入門儀式」，而從陸續不斷地有其他政治人物的論文也被爆抄襲的情況看來，若單純想依賴大學自律、不受政治立場干擾，就能防止大學被「武器化」的弊端，無異是對人性過於樂觀的期待。

「論文門」像是「潘朵拉的盒子」，一旦被打開，很難預料會有什麼災害跑出來？會由哪一個政黨得利？不過此

事件本非因大學而起，自然也無法片面奢求大學解決——既然是攸關政治，那就且看整個事件的政治批鬥軌跡吧。

第 五 章

政治歸政治

本事件所引發的政治效應：

從陳明通的「政治成分」，

到在野黨將本事件視為「提款機」，

證明「論文門」並非單純的學倫事件，

而是一場貨真價實的政治鬥爭！

一、驚見「文革」模式的批鬥

發動鬥爭的一方，永遠處在上風否定對方

白壇：嚴同志，你覺得你這個人怎麼樣？

嚴歸：**我這個人啊……還挺憑良心的啦！**

白壇：啊ㄅㄧㄚ（巴掌聲）！

嚴歸：你怎麼打人啊？

白壇：你看你穿著打扮，為一個封建主義壓榨廣大勞工的代表！你看你氣色紅潤腦滿腸肥，一副小資產營養過剩的樣子！你怎麼對得起廣大的無產階級群眾！

嚴歸：那我這樣說好不好……**我這個人啊壞透了！**

白壇：啊ㄅㄧㄚ（巴掌聲）！

嚴歸：還打？

白壇：你口是心非言不由衷，見風轉舵油腔滑調，為一個封建主義的餘毒，軟弱分子的代表！

嚴歸：**那我一半兒一半兒可以吧？**

白壇：啊ㄅㄧㄚ（巴掌聲）！

> 嚴歸：還打？
>
> 白壇：不要臉的修正主義分子，牆頭草兩邊兒倒，
> 　　　革命最怕你們這種意志不堅定的騎牆派！
>
>
> 嚴歸：那我不說話可以了吧？
>
> 白壇：啊ㄅㄧㄚ（巴掌聲）！
>
> 嚴歸：還打？
>
> 白壇：你怎麼可以放棄你神聖的發言權力？敵我意
> 　　　識的矛盾就是人民內部的矛盾，你啊內心有
> 　　　矛盾！
>
> ——摘錄自《這一夜，誰來說相聲》，表演工作坊，1989（首演）——

　　文革時期的批鬥模式就是：發動鬥爭的一方，永遠處在上風。也就是說，擁有發言權或搶先提出質疑的一方，永遠可以「以否定對方的回應為目的」，不斷的改變題目，直到把對方鬥臭、鬥垮為止。

這是自由臺灣，怎堪文革批鬥幽靈復活

　　在臺灣早期黨國體制的「反共教育」下，不論自己是否真正見識過，這種文革模式的殘忍批鬥，曾經讓一整個世代的臺灣人深深慶幸自己生活在自由臺灣，不必身歷如此痛苦。

到了八〇年代末，隨著臺灣民主的進展、政治解嚴，「批鬥」一詞反而成為一般民間互相嘲諷取笑的說法。但令人不勝唏噓的是，如今，此種造成人民互不信任，及社會道德崩壞的政治運動形式，其幽靈竟以認知作戰的形式，又在臺灣復活。

蔡英文總統以民進黨主席身分公開表態「支持林智堅捍衛自己清白」，以示對從政黨員的信任，原本是很溫暖的支持力量。但在選戰緊繃態勢下，政敵的任何一句話都是提供批鬥者養分，更何況是主帥親臨第一線，一下子拉高參戰的層級，讓在野陣營莫不歡欣鼓舞，全軍摩拳擦掌，迎接一舉殲滅敵軍的天賜良機！

於是，站在道德「制高點」優勢，套入種種批鬥模式：

批鬥一、誰敢質疑臺大對學倫爭議的審定： 臺大既是臺灣最高學府、精神堡壘，除了代表一種學術權威，更是較易予一般大眾有「社會良心」的道德連結或想像。更何況蔡英文、陳明通、林智堅……統統是臺大畢業，怎麼可以蔑視臺大？怎麼敢質疑臺大對學倫爭議的審定？

批鬥二、「不能為了一個人毀掉臺大」： 2022 年 8 月 10 日，也就是蔡總統在民進黨內發表談話的隔天，當時的國民黨主席朱立倫，便呼籲同樣身為臺大校友的蔡英文，要支持臺灣最高學府基於「學術良心」所做出來的決定，「不能為了一個人毀掉臺大」（參見右方 QR Code）。

不能為了一個人毀掉台大

批鬥三、誠信比學問重要：當時該黨的桃園市長參選人張善政也強調，政治人物誠信比學問重要，民進黨要把誠信原則講清楚，才能讓鄉親們放心。

批鬥四、臺大學倫會由多名教授檢視林智堅論文：另一位桃園市長參選人，民眾黨的賴香伶當然也不會放過這個修理民進黨的機會，她表示臺大學倫會由多名教授檢視林智堅論文，並把證據攤在陽光下，蔡英文卻選擇視而不見，袒護「小英男孩」，會引起民意反撲云云。

這些例子，充分說明了，臺大這塊招牌，除了可成為一種學術權威，用來作為政治鬥爭的武器，竟也十分「政治正確」、順手好使。

政爭本君子之爭，怎把政敵當作敵人，滅之而後快

殺到如此境界，縱然林智堅為顧全大局，在 8 月 12 日宣布退選，但已無法滿足在野陣營已經預設「一舉殲滅」的目標，當然要繼續加強火力，讓戰火持續延燒、風波繼續擴大，以便在此「論文門」一役中，極盡所能地取得最大的戰果。於是陳明通便成為繼林智堅之後，在野陣營首要攻擊目標。

8 月 16 日，媒體報導陳明通以臺海情勢緊張，身在國安單位公事繁忙等理由退回臺大聘書，自 8 月起不再擔任國發所兼任教授。即便如此，批鬥模式仍變本加厲：

批鬥五、「這麼死要做官的人，真的令人看不起。」
王鴻薇隨即批評陳明通：他顯然是辭教職來保官職，「這麼死要做官的人，真的令人看不起。」

批鬥六、「有陳明通在國安局，才是真正的國安危機。」另一位國民黨的北市議員游淑慧也出言譏諷。

批鬥七、「會出賣臺大的人，一定會出賣臺灣。」
而最經典的，恐怕要數臺大名譽教授賀德芬表示，「會出賣臺大的人，一定會出賣臺灣。」

俗語說，「相罵無好話」，政敵互嗆自是常態；但以上這些話語，怎就那麼「文革模式批鬥」呢？！真的把政敵當作敵人了嗎？！

「文革批鬥模式」：被批鬥者動輒得咎，一無是處

如果不接聘書被視為辭教職來保官職，「這麼死要做官的人，真的令人看不起。」

→那麼，辭官職回臺大任教，也一樣會被批「戀棧」之類。

「有陳明通在國安局，才是真正的國安危機。」

→為什麼陳明通替學生說明與澄清，要被追究「政治責任」？論文與國安局職責又有什麼關係？

→把學倫爭議「無限上綱」到他政務官的適格性，甚至可

能引發國安危機，像不像「誅連九族」？

「會出賣臺大的人，一定會出賣臺灣。」

　→為學生洗刷冤屈，怎會變成「出賣臺大」？然後又跳躍式推演到「出賣臺灣」？

　先不提從「論文抄襲」到「指導論文放水」、轉變成「出賣臺大」、再變成「出賣臺灣」這種置換概念的連結，有何邏輯上的合理性？值得注意的是，從這種攻擊目標的轉移（從林智堅變成陳明通）、到攻擊議題的轉換（從「學生抄襲」變成「老師放水」，再變成「不適任官員」），實在很難不令人感受到「政治操作」的鑿痕。

　試想，若陳明通因不接受臺大續聘而被批為「辭教職保官職」，但假如他選擇繼續留在臺大，是不是又會被批評為「戀棧」？這種「文革」的批鬥模式，就是逼使被批鬥者陷入動輒得咎、無法翻身的處境。

　而將陳明通指導的學生所涉的學倫爭議，「上綱」到他個人作為政務官的適格性，甚至可能引發國安危機……，這種批判既不符比例原則，而且顯失公平。

　試想本來只是在檢驗某政治人物學位取得的正當性，現在卻變成在檢驗該政治人物的指導教授？而只因為這位教授剛好也是一位政治人物，所以也必須受其「連坐」？

　這種「誅連九族」的批判模式，實已接近政治惡鬥的「抄家」。而且未來顯然會產生荒謬的結果：學歷不僅沒能為仕途加分，反而增加了政治人物被道德檢驗的風險！

為什麼替學生說明與澄清，要被追究「政治責任」？

但諸如上述這些「偷換概念」、「不斷轉換題目」、「先射箭再畫靶」等各種政治鬥爭模式，原本就是臺灣政治圈的日常，只是在「論文門」事件中，因為許多來歷十分可疑、立場頗為可議的論者（包括媒體、網路上的名嘴、KOL、網紅等）披著學術權威的外衣、挾著一般民眾對這個職位、身份的信任或想像，利用本身職責上必須公正的形象，遂行其毀滅攻擊對象「人設」的真正目的。而使得這事件的政治指控，竟格外具有「道德正當性」——只是當他（她）們真正的訴求（要求政治人物下臺）遂漸浮上檯面時，便再也掩飾不了這終究不過是另一場政治惡鬥的本質。

遺憾的是，國民黨樂於接收這些利用謾罵收成的果實，繼續見獵心喜，在 8 月 25 日立法院黨團開記者會表示，國安局長陳明通過去為了林智堅臺大碩士論文涉嫌抄襲案三度發表說明、帶風向、澄清，已經違反國安局長應有的作為，待立法院開議之後，會追究陳明通的政治責任。

在熱頭上，已經有理說不清：為什麼陳明通替學生說明與澄清，要被追究「政治責任」？論文與國安局職責又有什麼關係？

二、陳教授如何成為陳局長

為何國民黨對陳明通「必除之而後快」？

> 或許試著從陳明通的「政治成分」，來理解國民黨所要對他追究的「政治責任」是什麼？以及，為何要對他「必除之而後快」？比較容易。

陳明通於 2021 年 2 月接任國安局長。國安局是我國最高情治單位，除了局本部外，還負責統籌協調軍情局、調查局等 10 個機關的情報蒐集與研析，業務可以說非常繁重，根本無暇他顧。因此面對立委質詢林智堅的論文爭議，他在其中所扮演「角色」時，陳明通原本以「陳局長不回答陳教授問題」來回應。但這種「官方說法」雖有其正當性，卻肯定無法滿足外界，特別是在野陣營。

剖析政治成分，便不難洞悉被攻擊「價值」

既然已經選戰稍歇，各界比較不會「無中生有」，此際或許是完整說明從陳教授到陳局長歷程的時機，了解他的政治成分，也就明白何以被攻擊了。

論及陳明通跟綠營的淵源，他認為應該要從追隨他的指導教授胡佛先生開始算起（部分內容參見本書「第二章

一、」）。在那個國民黨威權統治的年代，胡先生秉持著自由民主的理念，反對威權統治，一心想推動臺灣的民主轉型，因此相當同情追求臺灣民主化的黨外運動，並跟當時的黨外人士如黃信介、康寧祥等人有所接觸。

年輕時的陳明通也因此認識這些民主運動的前輩。他猶記得當年「林宅血案」發生後，政府在強大的輿論壓力下，特別允許美麗島事件受刑人林義雄回家奔喪，胡先生躲過情治單位層層監控與林義雄會面，表達安慰、鼓舞與支持之意。後來林先生出獄，陳明通還陪同胡先生到林義雄的宜蘭老家探望——此情此景不僅至今仍歷歷在目，更深深影響他日後對臺灣民主化信念的堅持。

由於陳明通在胡先生的指導之下，長期從事選舉與地方派系的研究，可以算是這個領域的拓荒者之一，因此當選舉已成為臺灣競爭政權唯一的遊戲規則時，他在這方面的專業自然受到各方面的重視。也因為受胡先生自由民主理念所影響，與較具進步思想的綠營逐漸增加接觸。

加入 2000 年總統大選團隊，選後出任陸委會副主委

1998 年陳水扁競選市長連任，陳明通便從旁負責選戰內參民調。猶記投票前最後一週，從民調可以判定「大勢已去」，而當時負責操盤的馬永成聽完後，說了一句「還是要盡量拚，不能輸的太難看！」

正因為將士用命力拚，阿扁市長雖然連任失利，但卻僅以些微差距落敗。充滿鬥智的競選團隊不但沒有因此散去，反而迅速調整戰鬥隊形，轉而直攻 2000 年的總統大選。此一同時，陳明通除了安排阿扁的學習之旅，更主持中國政策白皮書的撰寫，同時繼續進行內參民調。

也因此，阿扁勝選後，便邀請算是有「革命情感」的陳明通去陸委會幫忙當時的主委蔡英文，從而開啟了陳明通的政壇之路。

學術提供參政條件，參政厚植學術研究深度

「所以若你問我，我的學術地位有沒有替我在政壇發展上加分，當然有，這完全是因為我的專業而受到重視。」在當今政治現實中，參政若沒有世家、沒有派系，便只能以學有專長打選戰、治理政務，才可能有一席之地。

而從另一方面來看，陳明通認為他在政壇的發展確實也相當大的程度影響了他的學術地位。最主要是政府部門的歷練，讓他更清楚政治的運作，強化了他在政治學本科的學術研究深度。

陳明通記得當年考上臺大政治學系，他的表哥卻跟他父親說，「阿通考上臺大很好，但念政治系可能會沒飯吃」。因為在商業市場上，政治學的知識不能幫人賺錢，「我們這些學政治學的都自稱為『聖人』（剩下來的人）。」

陳明通常常對學生講，自古以來只有統治階級才需要政治學，所以說「政治學是貴族的知識」不為過。而統治者或貴族也因此壟斷政治的知識，在民主國家也是一樣，一般人很難窺知政治的運作，更無從學習這方面真正的知識，因為教科書不會教。所以有機會到政府部門服務，對他的學術研究工作幫助很大，因為「我把從事公職當作再攻讀一個博士學位」，以此心志到陸委會服務，累積實證基礎。

　　「2004 年、2008 年兩度卸任回到學校後，就拚命做我的研究工作，因為我深知，不做研究，不發表論文，再大的政治光環都會變成一種累贅。」陳明通善用服公職所累積的歷練，發表了好幾篇期刊論文，也因此每次臺大教師的五年評鑑，他都順利過關。其中最值得驕傲的是 2017 年與他的學生合寫一篇有關兩岸政治談判的論文，發表在中國研究領域翹楚，英國劍橋大學出版的《The China Quarterly》，還是那一期的封面選文。

23 年前便與蔡英文總統共事，以專業累積默契與信任

　　除了與綠營頗有淵源，會格外引人側目、甚至成為在野陣營重要攻擊目標的另一個重要原因，很可能是陳明通獲蔡英文總統任用為國安局長一職，意味著深受總統信任。

　　2000 年至 2004 年他在陸委會擔任副主委時，與當時的蔡英文主委共事四年。「四年下來，與蔡主委培養出嫻熟良好的互動關係與團隊默契，這大概就是外界所謂的『信任』吧！」

陳明通表示，他在 2018 年 3 月蔡總統上任近兩年才接受任命為陸委會主委，由於 2007 至 2008 年他就已經擔任此職務，負責「大三通」及陸客來臺觀光的談判，所以算是回鍋。

三年後蔡總統希望他再歷練一下，因此 2021 年 2 月轉任國安局局長。蔡總統所以兩度要陳明通擔任與國家安全有關的職務，應該就是信任加上專業。

由於指導教授胡佛先生所發展測量政治文化的民主量表，後來擴展到臺灣、香港及中國大陸的「兩岸三地」研究。尤其，1991 年陳明通到美國哥倫比亞大學進行博士後研究，中間就跑了一趟北京，去檢視當時他們對北京市民所進行的政治參與問卷調查。

因此，陳明通的研究專業從選舉及地方派系研究，逐漸發展到中國大陸及兩岸關係的研究。

阿通師憶中國交流足跡的點點滴滴

「我記得當時我借住研究團隊中一位大陸成員的舅舅家裡，地點在海淀區的塔院朗秋園，距離北京天安門廣場不遠，因此我利用空檔幾次騎腳踏車去逛天安門、故宮等等著名的風景點。之後，又利用一個週末乘坐前往西安的火車，在軟臥車廂內睡睡醒醒，總共搭了 27 小時才抵達，隨後落腳在車站不遠的『解放飯店』，之後的兩天分別搭乘『東線一日遊』及『西線一日遊』遊覽車，逛遍了秦陵、

兵馬俑、武則天、楊貴妃的墓園等等景點，學得當地的一句順口溜，『翻身不枉共產黨，發財要靠秦始皇』……」這就是陳明通的大陸初體驗。

1992 年陳明通回到臺大「三民主義研究所」任教（後來改名「國家發展研究所」）。當時所內分成政治、經濟、社會、法律四組，另外新成立大陸組，由於陳明通是所內少數有在大陸從事實地研究的老師，因此馬上就接大陸組的召集人。

隨後跟著當時的所長周繼祥教授，從事兩岸學術交流的活動，包括每年固定帶所內師生組成的學術訪問團，到北京大學、南京大學、上海復旦大學、福建廈門大學，還有全國台灣研究會、全國台灣同胞聯誼會、北京中國社科院台研所、上海社科院、上海東亞所、上海台研所與上海國際問題研究院等等知名智庫進行訪問交流，因此認識了不少大陸學者專家，累積了豐富的人脈關係。

2007 至 2008 年接受阿扁總統邀請擔任陸委會主委時，負責推動「大三通」及陸客來臺觀光的談判，對岸基本上把他定位為「交流派」。從而 2008 年卸任重返臺大執教後，有機會跟當時的對臺機構及專家學者繼續互動交流，因此也比較能掌握北京的整體思維。

對於阿通師身為民進黨的政務官,又在臺大兼任教職,因而質疑他可能會在入學的錄取及學位的取得……,偏袒綠營的學生。在「論文門」事件中,自媒體便流傳著類似耳語:因為他幫助學生輕鬆取得學位,早被奉為「綠營國師」;因為「有口皆碑」,所以許多綠營政治人物都「食好鬥相報」,紛紛投身在其門下。

指導論文紅、藍、綠都有,嚴守學術與行政中立

關於臺大國發所的入學以及畢業的嚴格程度,請參見本書「第二章三、」在此不贅述。至於阿通師所指導的學生,實則紅(陸生)、藍、綠都有,絕非偏向綠營。但除非學生主動提起,他不輕易對外說出名單,這是大學自治中對學生的基本尊重。

至於和總統同屬一個政黨,且擔任重要職務,是否會因為本身的政治立場、政黨傾向,而在教學上有所偏頗?這就應當同於其他所有教授,接受一貫標準來檢視。尤其是國內政壇常有向學界「借將」的慣例,學者從政、政務官兼任或回歸教職,可說比比皆是。相信不論黨派,每位學者自當拿捏並謹守分際,這是當然的規範及素養。

所以當吾人檢視某政治人物兼任教職,是否嚴守學術或行政中立時,不可因其個人政黨色彩而反射式的「以人廢

言」；毋寧也應採「無罪推定」原則。因此，如果發現陳明通在授課或所務行政有所偏頗，歡迎具體提出，自當說明討論或改善，但絕對不宜文革式毫無根據地攻擊批評。人同此心，心同此理。

很遺憾的是，從陳明通信手拈來、侃侃而談，細數上述的從政資歷（對在野陣營應該可以稱為「政治成分」），可以試著想像，「敵對陣營」的作戰指揮部，當然把他當做是具攻擊價值的大咖。一旦阿通師為維護學生而潦下水，想必是興奮又急切的發出陣陣動員警報聲：

「各單位注意！各單位注意！敵方目標已經出現！」

三、論文淪為 CP 值最高的政治鬥爭工具
今日坐視陳明通版的臥虎藏龍，他日請自求多福

> 陳明通自嘲本事件就是他人生的《臥虎藏龍》：「要不是我當年一時心軟，想拉余正煌一把，助他順利畢業，也不至於幾年後惹出這麼大的風波，還連累了林智堅。」

2022 年 12 月 5 日，國民黨立法院黨團舉行「抄襲疑雲橫跨黨政軍媒姑息才是蔡總統的國安危機」記者會。

國民黨擴大戰果、繼續追殺，可以理解

總召曾銘宗表示，陳明通在立法院不只一次面對立委詢答時曾回，「陳局長不回答陳教授的問題」，但國民黨團要求「陳明通先生請回答陳明通先生的問題」，對外說清楚、講明白論文抄襲的問題。如今，就連民進黨立委都要求陳明通考慮去留，國民黨團呼籲不論是陳明通局長，還是陳明通教授、陳明通先生，現在正是慎重考慮去留的時候。

12 月 8 日，參加立委補選的國民黨臺北市議員王鴻薇，在政論節目表示，如果自己順利當選進入國會，一定用力監督蔡政府並讓國安局長陳明通下臺。

2023 年 1 月 10 日，國民黨立法院黨團在立法院朝野黨團協商總預算案時，提案要求國安局長陳明通為指導學生林智堅論文惹議道歉並下臺；陳明通表示，林智堅論文門是冤案，如果通過這樣提案，無法接受。

1 月 26 日，總統府發言人張惇涵表示，國安局長陳明通已向總統請辭，表達希望沉潛休息之意。

1 月 27 日，就在陳明通請辭獲准的隔日，甫補選當選的國民黨立委王鴻薇，隨即在臉書上發文強調，會繼續追查過去由陳明通所指導的 173 篇論文當中還有多少是抄襲的，以及他下臺之後是不是還堅持林智堅是冤案，應該給社會交代。「陳明通的下臺不是事情的結束，而是究責的開始」。

國民黨在論文門確實挖到鑽石礦，收穫滿滿

國民黨立委的此番言論，除了是在向其支持者宣告「正義」終於獲得伸張外；另一方面，在政治的意涵上，也不無是在向黨內炫其「戰功」。其實就以戰爭的成果論，國民黨在「論文門」一役中的表現，幾乎可用「挖到鑽石礦」來形容。

因為就結果論，如果光是一個政治人物的論文疑似抄襲事件，不僅可以摧毀該政治人物（及其師長）的「人設」、拉下一位國安局長，甚至「外溢」到讓執政黨幾乎輸掉整場「九合一」大選？試問，對精於算計的政客而言，還有

比「打論文」更便宜的事嗎？無怪乎國民黨完全無視「窮寇莫追」的兵家告誡，在陳明通下臺後，還要持續追殺，看能不能從這臺「提款機」多挖出一些「現金」？

此外，若從「打論文」的「成本」觀之，國民黨可說是充分發揮了「以小博大」、「小兵立大功」的精髓：光靠著論文比對軟體，搭配個別政治人物的媒體（網路）聲量，再加上社會大眾對臺大的尊崇敬畏與資訊落差，最後再運用一點點「想像力」，就可炮製一個令當事人百口莫辯、更令其所屬政黨因社會（道德）壓力而投鼠忌器、不敢相挺的「論文門」。

爾後論文很可能成為未來臺灣政壇「CP值」最高的鬥爭工具。或許各黨從政或有志於從政者，即日都要好好檢閱自己的學位論文，也要模擬一下，萬一被正確或不當揪出時，打算如何處理？如果指導教授是知名人士，也要設法避免池魚之殃……。

勝敗乃兵家常事，政治學者、選舉專家一樣要面對

如今回顧這整起事件，阿通師還是覺得哭笑不得：

可笑的是，一位負責維護國家安全的國安局長，職務上算是小有貢獻；並無任何工作上的過失，竟因多年前指導的學生被指控論文抄襲而被辭職。尤其，被指控論文抄襲一事，根本就是一場烏龍。

可悲的是，只要三分鐘就可以說清楚是否抄襲，為什麼總是被批鬥式的斷章取義？！為什麼同黨同志竟然砲口對內？！

政治鬥爭就像任何一場戰爭，總是幾家歡樂幾家愁：當贏家在盤點戰果、論功行賞之時；通常也就是輸家在割地賠款、找出戰犯之時。這是政治的現實，雖然有時十分殘酷，但其遊戲規則本就是如此。

而若從當事人的角度來看，雖說勝敗乃兵家常事，本事件或許也有助於所有政治人物心生警惕：一旦踏入政壇，不管身處何處，就算你不去沾惹政治，政治也會以各種不同的面貌來問候你。

事過境遷，陳明通自嘲原本也已到了退休年齡，退下來享受清閒生活也沒什麼不好。

「所以我就把它當成我人生旅途中的一場劫難！」陳明通曾將本事件比喻成他人生的《臥虎藏龍》，「要不是我當時一時心軟，想拉余正煌一把，助他順利畢業，也不至於幾年後惹出這麼大的風波。」

他感慨自己就好像故事中的主角李慕白當初要退隱江湖，但卻放心不下青冥劍，將它託付鏢師俞秀蓮轉交給京城的貝勒爺保管，因此惹出一番江湖腥風血雨，結果連自己的寶貴生命都丟了。

聞聲救苦的大體老師，立志為林智堅平反冤屈

「如果當初李慕白把青冥劍丟到大海裡就不會有這樣的事情發生。同樣地，余正煌不是我的指導學生，他的問題應該回去找他的指導教授，我真是一時的心軟。」常有人對陳明通說他對學生太好了，他也常會在無意間將學生的問題視為自己的問題，總是「聞聲救苦」、「有求必應」，結果就變成「大體老師」——被社會各種敵對勢力千刀萬剮，但也反映出這個社會因為選舉政治鬥爭是如何的扭曲人性！

「這件事其實我最對不起的是林智堅！」陳明通不捨地表示，林提供選舉期間內參的民調資料，讓他順利完成發表在《選舉研究》期刊的一篇論文，為陳明通個人的研究表現加分。即使他後來指導林智堅也是應該的，也算是對他一種回報。

「本來在指導過程中好好的，看著智堅的論文一天一天的成長，大家都很開心，但是就是因為我太『雞婆』了，竟還管起余正煌能不能順利畢業的事，結果搞到最後變成臺大學倫會審定林智堅抄襲，取消其學位。」

陳明通覺得這場冤案將讓他引為終生的遺憾，深深感覺對不起林智堅，「所以我才會透過律師發表聲明。身為林智堅的指導教授，未來我會繼續努力平反這項冤案，希望早日還給智堅一個公道，一份清白。」

繼續無視真相，就會繼續被當政治提款機

對臺大或任何學術、教育單位而言，認清「論文門」的政治動機與意涵，則毋寧是一種「除魅」的過程——剝去附著在本事件表面上的那層虛假的「學術倫理」外衣。

2024 年 1 月 7 日，總統大選前的超級星期天，國民黨在高雄夢時代前的時代大道，舉辦高雄團結勝利大會，前臺大校長管中閔，是國民黨當天安排的「神秘嘉賓」。自稱「首度站臺」的他，和國民黨的總統及立委候選人們並肩而立、砲火全開，批評民進黨是吃銅吃鐵、謀財害命、胡作非為的政黨，還迫害學術自由，倒楣的就是他。

在民主自由的國度，人人都有表達政治立場的自由——但不知看到上述場景的人，還會毫無保留地相信眼前這位情緒頗為激動的前臺大校長，在當時真的可以秉公處理林智堅的論文案嗎？

從 2024 年總統大選，在野黨的兩位總統候選人都將「論文門」，當成是「下架民進黨」的理由，到前臺大校長理直氣壯、毫不避諱地為國民黨的候選人站臺……。

你還會認為這是一個單純的學倫案，而不是一場政治鬥爭嗎？

第五章　　政治歸政治

第 六 章

脊梁歸脊梁

把持臺大校務、院務者，

繼續究責陳明通，

幸最終獲教評會審議「不予解聘」。

那些在學術殿堂，

拉幫結派打擊並追殺不同政治立場的同僚，

恐怕才是真正的學閥，

才有愧於自稱大學脊梁！

一、所謂「教不嚴、師之惰」？！

剷了學生，繼續追殺老師！這還是臺大嗎？

> 桑莫塞：「海明威說過『這世界是美好的，值得我們為之奮鬥』，我只同意後半句。」
>
> ─摘錄自電影《火線追緝令（Se7en）》（1995）─

> 陳明通完整說明林智堅的論文不是抄襲，希望學倫會收回成命。但委員們顯然「心意已決」，不但並未採納這些關鍵的文件，蘇宏達院長甚至表示：林智堅的 case 已經「close」了……

臺大學倫會於記者會上認定林智堅國發所碩士論文抄襲確定、並撤銷其碩士學位，同時表示，後續將一併對其指導教授陳明通是否違背學術倫理再進行調查。已明顯揭露將繼續擴大戰果，追殺到底。

「校方」收到檢舉，啟動教師懲處，社科院再度主導

由於臺大研究誠信辦公室在 2022 年 7 月 21 日、8 月 1 日及 8 月 11 日、8 月 8 日共收到 4 位民眾具名檢舉陳明通有違反學術倫理。

相關檢舉函經臺大學倫會主任委員分別於 2022 年 8 月 3 日及 8 月 12 日批示立案，案經 2022 年 8 月 25 日臺大學術

倫理委員會第 59 次會議審議，決議要點：「本案建議另依校內行政程序，研議後續處理方式。」研究誠信辦公室將該項決議依校內行政程序簽核，經校長批示：本案移轉教評會處理，但行政作業則由人事室接手。因此，臺大人事室 2022 年 8 月 29 日簽奉核准後，將相關案件於 2022 年 8 月 30 日移請社會科學院，依《國立臺灣大學教師懲處要點》規定辦理。

「校方」熟門熟路，依《國立臺灣大學教師懲處要點》第 2 點第 1 項，於 8 月 30 日：

「一樣」將相關案件移請社會科學院辦理，

「一樣」由院長擔任召集人，

「一樣」由院長臨時聘任校內外「公正學者專家」5 人，

「一樣」組成 6 人調查小組，進入調查處理程序。

社科院比照審定委員會規格，成立小組調查（傳訊）阿通師

10 月 1 日，陳明通出席臺大社會科學院對他「疑涉學生論文指導不周等相關疑義案」所成立的調查小組。

根據陳明通回憶，當日他在律師陪同下，進入調查小組所設立的會場，有工作人員在旁協助，「會場很明亮，有窗戶，可以看到窗外，和一般人想像的『偵訊室』，讓人產生壓迫感的密閉空間大不相同。」

當時由蘇宏達院長主持對他的詢問，方式是他面對一個筆電的鏡頭，蘇院長可以看到他，但他卻看不到對方的任何人。只能聽到蘇院長的聲音並跟他對答，因為蘇一開始就自我介紹，但為了保密並沒有介紹其他委員，並說明會議進行的程序，所以應該沒有必要「變音」。全程並沒有聽到其他委員發問，所以也不知道他們是誰？

　　陳明通特別表示，整個過程由蘇院長主導，蘇院長人很客氣，只是感覺上只有他們兩人對話，很訥悶究竟是否有其他委員參與。這是他第一也是唯一一次參與如是程序，基本上予以尊重。

「教師懲處」前段流程與「學術倫理」審定流程比較表

	學術倫理	教師懲處（前段）
校方	1.臺大教務處接獲檢舉案件 2.→教務長及教務處人員形式審查 3.→ (1) 確認不受理，書面通知檢舉人 ／結案，或→ (2) 確認受理→ 4.移請被檢舉人所屬學院組成審定委員會	1.臺大研究誠信辦公室接獲檢舉教師違反學術倫理 2.→學術倫理委員會議決是否立案辦理 3.→ (1) 不立案辦理………；或→ (2) 立案→ 4.→研究誠信辦公室簽核，請校長批示 5.→校長批示移轉教評會處理 6.→人事室→交由所屬學院（中心）籌組調查小組
院方	1.院長臨時聘任校內外公正學者專家5-6 人，並自任召集人，組成審定委員會 2.→院長任主持人，召開審定會議 3.→做成決議： (1) 審定確認違反學術倫理情節重大，撤銷學位 (2) 審定違反學術倫理但情節尚輕，限期命修正、公開道歉 (3) 未違反學術倫理……	1.院長臨時聘任校內外公正學者專家 5人，並自任召集人，組成 6 人調查小組 2.院長任主持人，進入調查處理程序 3.做成決議： (1) 不予懲處→報告校教師評審委員會 (2) 懲處→送交各級教師評審委員會審議 --- 備註： 所幸【臺灣大學教師懲處要點】二、規定：調查小組決議懲處後尚須送交 (各級) 教師評審委員會，本案最終「不予解聘」陳明通。

（有關《國立臺灣大學博、碩士學位論文違反學術倫理案件處理要點》相關規定，請參閱本書第四章）

　　　　　　　　　　　　　　　第六章　　脊梁歸脊梁

在最後的答辯結論時，陳明通特別強調，林智堅、余正煌都沒有抄襲，這些雷同與相似是因為他們用同一組資料、同樣的方法，重點是討論的對象不一樣，不能用表面的東西、去脈絡化的方式、機械化的方式就評斷是抄襲，這是非常不公平的。所以他希望學倫會收回成命，林智堅沒有抄襲，請學倫會重新考量，不是基於完整事實了解的判斷、所做的決策，誠懇地呼籲，請學倫會收回成命。

很遺憾，如此認真準備，應邀出席、完整說明，仍無法撼動調查小組已決心意。

因為指導「不周」罰我，卻不准我說明並未「不周」

在出席「調查小組」的詢（訊）問之前，阿通師已 email 寄送答辯書，臨場時又交付三份經臺北地方法院所屬民間公證人公證的文件，希望完整說明林智堅的論文不是抄襲。

很遺憾，委員們顯然「心意已決」，不但並未採納（或許也沒閱讀）這些關鍵的文件，蘇宏達院長甚至表示：

★ 調查小組是依《教師法》相關規定（臺灣大學教師懲處要點）成立的，不是學倫會。

★ 至於學倫會的部分，因為林智堅已經向教育部提出訴願，由教育部訴願審議委員會處理他論文的部分，現在這個調查小組不處理論文的部分。意思是說，林智堅的 case 已經「close」了。

三份經過公證的文件竟未被採信

一、2016 年 1 月 5 日陳明通寄給余正煌的電子郵件及附檔

→這封信所附的檔案證明余正煌論文的初始，包括：論文架構、章節安排、研究對象與資料來源、分析工具、全部論文 19 個統計表格、一個六次民調執行日期、樣本數與抽樣誤差表，以及如何解釋這些表格的示範寫法…等等，這些都是陳明通親手彙整，沒有一個字是余正煌寫的，目的為了教導余，讓其能夠快速進入論文寫作狀況。

二、2016 年 2 月 1 日寄給林智堅的電子郵件及附件

→這封信所附的檔案證明林智堅的研究計畫，在陳明通的指導及修改下已經完成雛形，特別是「研究設計」部分已經相當完整。

三、2016 年 3 月 8 日余正煌寄給他的電子郵件及附件

→這封信所附的檔案證明余正煌的論文研究計畫，在「研究設計」部分與林智堅之所以有大幅度的雷同，因為這是陳明通在 2016 年 2 月中下旬，把他 2 月 1 日寄給林智堅的論文修改內容，套入余的研究設計，交給余參考的緣故。

　　任何有點思考邏輯就會覺得不可思議：這個調查小組在認定林智堅抄襲的前提上，決議陳明通指導不周；當陳明通要說明，因為林智堅沒抄襲，所以並未指導不周；卻「被決定」，今天不能談有沒有抄襲！

2022 年 10 月 15 日的「國立臺灣大學社會科學院國家發展研究所陳明通教授及李碧涵教授疑涉學生論文指導不周等相關疑義案調查報告書」，載明決議為：「建請學校依法啟動解聘或資遣程序，解除陳師現有碩博士論文指導工作，並不再聘任為兼任教授。」等非常嚴厲的懲罰。

蘇院長狠決「解聘或資遣」，幸有 61 位教評委員三審

調查小組在 2022 年 10 月 15 日作成調查報告後，依先前校長的批示送回給教評會處理，由於調查小組作成「解聘或資遣」的建議，如此嚴重的懲罰，按照《教師法》的規定，教師行為違反相關法規，經學校或有關機關查證屬實，有解聘及終身不得聘任為教師之必要（第 14 條第 1 項第 11 款）。應經教師評審委員會委員三分之二以上出席及出席委員三分之二以上之審議通過，並報主管機關核准後，予以解聘（第 14 條第 4 項後半段）。

臺大因此啟動國發所教評會、社科院教評會及校教評會，三級三審，以議決是否解聘「陳教授」。結果國發所教評會、社科院教評會、及校教評會皆否決了這項解聘的建議，據了解國發所教評會有 7 名成員、社科院教評會有 19 名成員、校教評會有 35 名成員，換言之，總共有 61 位的教評會成員，絕大多數的成員都不同意調查小組所作成「解聘或資遣」的建議。陳明通因此逃過一劫，順利辦理退休，領了退休金。

教評委員理解：兩篇論文雷同之處，係陳師指導的結果

對比上述調查小組「吃了秤錘」的態度，陳明通覺得2023年5月26日的校教評會明顯比較不預設立場。例如出席校教評會時，委員提出很持平的問題：

「您是林生的指導教授，也是余生的口試委員，所以理論上您兩篇論文都看得非常的清楚，這兩篇論文以您現在來看，是否有抄襲？因為這兩篇您都簽名了，至於當時您看到兩篇論文研究設計相同卻沒有提出來當場要求學生修改，您現在來看，您是否覺得當時您沒有嚴格執行您當老師的責任？」

這個問題確實是最核心的重點，陳明通回答，其實他從頭到尾都沒有講「余正煌抄襲」，他只是說「林智堅沒有抄襲余正煌」。

因為余的論文是他實際指導的，最主要的是研究設計這塊，陳明通認為研究設計就應該這樣寫，因此將指導林智堅的創作結果提供給余正煌參考，同時為了能讓余正煌很快從不熟悉進入狀況，所以陳明通花了一些心思幫他。口試的時候他也認為余文這樣寫沒有錯。

最主要是余林兩位的研究對象不同，也就是依變項不一樣，但是用了相同的民調資料，研究設計雷同是很自然的事情，這在科學研究領域是非常普遍的現象，特別是用來解釋依變項的獨立變項，在當初問卷設計時就已經固定了，

後設的研究選擇有限，不雷同也難。最重要的還是研究發現與解釋，這是科學研究的精神所在。

陳明通因此回答，他指導學生用同樣的 data，研究設計還是一樣，中間的文字你可以有一點變動，余正煌也做了一些變動，所以他覺得你不能去脈絡化把這種雷同說成「抄襲」。

尤其科學的研究裡面最重要的是「Finding」，其實很多研究是傳承下來的，在既有的研究設計增加或減少一點變數，這是很普遍的現象，重點在於研究對象不同，研究發現不同，「或許有人不同意，但我也可以理解。」

事實上，陳明通在審定委員會的書面說明、調查小組的書面及口頭說明、都一樣強調這幾個論點，但是審定委員會、調查小組就是不接受。

幸好校教評會接受他的說法，讓他最後以絕對的多數（29:2）通過不解聘陳明通的決定。甚至連校教評會主席提議是否通過一段對他的譴責文字，都被在場的校教評會委員異議，主席只好主動收回。

是誰又對媒體放話造謠？

幾天後媒體卻傳出，校教評會會後對陳明通做出三項懲處，包括不能歸建擔任教授職、不能再申請延長服務，也不得再聘任為臺大的兼任教師。

經陳明通的律師向臺大校方求證，是否有此決議所無的附項？怎沒收到公文？校方答覆，因為沒有任何的懲處，沒有損及他的權益，所以沒發文；也等同直接否定了三項懲處的傳言。

陳明通認為，其實所謂三項懲處，邏輯上也有問題：

因為他原先是從學校借調到政府部門服務，依規定必須回到原來借調的學校去申請退休。而借調教師要回學校申請退休，當然要先經過歸建這個程序。

只不過，歸建的目的是要辦理退休，不是延長服務、擔任教職，所以「不能歸建擔任教授職」是假議題。

兼任教師一事，他早在 2022 年 8 月就因為政務繁忙，退回新學期兼任教師聘書，而且表達無意再擔任……，究竟是誰對媒體放這種馬後砲？

校教評會對陳明通
做出三項懲處

2023 年 6 月 14 日，臺大對外表示，經三級教評會（所、院、校）的審議，認定陳明通確有指導不周等違失行為，但因情節尚未達應予解聘的程度，因此做出「不予解聘」的決議。

6 月 17 日，陳明通透過律師吳佶諭發表三點聲明：

一、對於臺大校教評會以絕對多數通過不解聘，本人深感欣慰，並致上誠摯的謝意。

二、本人一向主張林智堅並未抄襲，臺大學倫會的判決是一場「世紀大冤案」。最近臺北地檢署、臺灣高檢署及臺北地方法院先後採信本人先前的公開說明而作出處分或裁定，而且已經定案。

三、作為林智堅的指導教授，未來將繼續努力平反這項冤案，希望早日還給智堅一個公道，一份清白。謝謝大家！

臺灣大學教師懲處要點 vs. 臺灣大學組織規程摘要

· 【臺灣大學教師懲處要點】二、

本校編制內專任教師疑似違反聘約或相關規定，或於借調期間執行職務涉有違失，經借調機關建議懲處時，應由學院（中心）籌組調查小組，經程序及實體查證後，審酌個案違反情節，依本校組織規程四十七條第三項各款處分或處置。

依前項調查結果，如無具體事證不予懲處，提校教師評審委員會報告；如擬予懲處，其為組織規程第四十七條第三項第一款之處分時，須提各級教師評審委員會審議，其餘處分逕送校教師評審委員會審議。

有關教師涉性平爭議及學術倫理案件，另依相關規定辦理。

作業流程另訂定之，經行政會議通過後施行。

· 【國立臺灣大學組織規程】第四十七條 第三項

違反聘約或相關法令規定時，本校或所屬單位審酌個案之

違反情節，得依本校教師評審委員會設置辦法或相關法令規定，為下列之處分或處置：

一、解聘、不續聘、停聘或資遣。

二、停止晉薪、停止升等、停止評鑑、停止免評鑑權、停止其參與本校各級委員會或代表之選舉權與被選舉權，或停止本校各級會議與委員會之出席與表決權。

三、不同意延長服務、擔任導師及本校各級教評會委員或各單位行政主管，或停止本校所給予之各種禮遇。

四、停止本校所提供之福利設施，包括停止配給或續借本校宿舍。

五、不同意借調或在外兼職或兼課；不同意休假研究；不同意出國講學、研究、進修。

六、其他依法令規定或聘約約定所得為之處分或處置。

前項除第一款外，有關教師違反聘約或相關規定而為之處分或處置規定，經本校行政會議通過，送校務會議報告後施行。

（有關《國立臺灣大學博、碩士學位論文違反學術倫理案件處理要點》相關規定，請參閱本書第四章）

《教師法》相關規定

· 第 32 條第 1 項

教師除應遵守法令履行聘約外，並負有下列義務：

一、遵守聘約規定，維護校譽。

二、積極維護學生受教之權益。……

四、輔導或管教學生，導引其適性發展，並培養其健全人格。……

六、嚴守職分，本於良知，發揚師道及專業精神。……

· 第 34 條

教師違反第三十二條第一項各款之規定者，各聘任學校應交教師評審委員會評議後，由學校依有關法令規定處理。」

· 第 28 條

學校於知悉教師涉有第十四條第一項或第十五條第一項所定情形之日起，不得同意其退休或資遣。

教師離職後，學校始知悉該教師於聘任期間涉有第十四條第一項或第十五條第一項所定之情形者，學校仍應予以解聘，並依第二十條規定辦理通報。

· 第 14 條（第 1 項第 11 款）

教師有下列各款情形之一者，應予解聘，且終身不得聘任為教師：

十一、行為違反相關法規，經學校或有關機關查證屬實，有解聘及終身不得聘任為教師之必要。

· 第 15 條（第 1 項第 5 款）

　　教師有下列各款情形之一者，應予解聘，且應議決一年至四年不得聘任為教師：

　　五、行為違反相關法規，經學校或有關機關查證屬實，有解聘之必要。

二、獵巫與追殺

連執教三十多年的微薄退休金也要冷血剝奪

> 如果連退休儀式都不准他參加，是不是代表陳明通已然被某些人「妖魔化」了？

就在 6 月 14 日臺大公開對外表示對陳明通做出「不予解聘」的決議後，「追殺」者仍不死心，很快開闢下一個戰場：意圖剝奪他執教三十多年的微薄退休金！

王鴻薇、蘇宏達不吝臉書再出擊

果不其然，國民黨立委王鴻薇率先出擊，同日立即在臉書發文帶風向：

王鴻薇 2023 年 6 月
14 日臉書全文

「即便至今陳明通還是堅持林智堅抄襲是冤案，即使臺大認定陳明通有違失，但是畏於陳明通的特殊身份仍然不解聘，就是要將這份退休金，當作阿通師的畢業禮物……民進黨、臺大都為其粉飾太平，還可以風光退休，政治干擾學術再添一筆。」

而當天許多媒體也以「陳明通安全過關 爽領退休金！」做為新聞標題，報導方向也多提及他可領到的退休金有多「優渥」云云……。

陳明通預知也慨嘆：深仇大恨也不過如此

陳明通早在 2023 年 5 月 20 日提供給校教評會的「列席臺大校教評會書面說明」便曾提到：

「（社科院的）『調查報告書』為什麼明知本人已經『無聘可解』，仍然要求學校解聘本人，其目的就是要剝奪本人的退休金。

本人今年 1 月 31 日卸任國安局長，因為之前是自學校借調的關係，依法必須回到學校辦理退休。

目前的案子已經由學校送到教育部，教育部在等臺大就本人涉及的學術倫理問題作出懲處，如果是『解聘』，則本人無法辦理退休，領不到退休金。」

從這段說明透露，顯然陳明通已意識到，在無法既遂「解聘」後，追殺者仍會繼續盲目攻擊。

社科院長蘇宏達對於臺大做出「不予解聘」的決議、以及陳明通聲明（請見 158 頁）指出，臺大學倫會的判決是一場「世紀大冤案」，或許完全被「激怒」，在 6 月 27 日臉書發文表示：

「……林智堅和鄭文燦的碩士論文抄襲嚴重遭註銷論文及撤銷碩士學位，都經臺大社科院論文審定委員會依法詳細檢視討論才認定，絕不容陳明通混淆視聽、顛倒黑白。

……這三個案例已損及臺大和臺灣高教的『國際聲譽、嚴重影響社會觀感』。

……為捍衛臺大學術聲譽，臺大社科院以及所有參與審定審議委員的清譽，他要求教育部和臺大校方立即公開林智堅案、鄭文燦案和陳明通案的 3 份審定審議報告書全部內容，以昭公信。」

蘇宏達 2023 年
6 月 27 日臉書全文

破解「再開戰場、重燃戰火」的挑釁

這些一貫「似是而非」，想要再開戰場、重燃戰火的挑釁，本書前面幾章都陸續做了說明，以下且再摘要敘述：

（一）陳明通提出具體證據說明林智堅並未抄襲，而這些證據在余正煌提出告訴及交付審判時，曾經被地檢、高檢及法院接受，並據以一一駁回余正煌的主張。很遺憾，蘇院長所主導的審定委員會，卻完全不採，這樣的審定報告一旦公布，徒然證明社科院、臺大校方都被一己之私操控！

（二）蘇院長所主導的調查小組以陳明通指導論文不周，決議「解聘」。但當陳明通提出各種證據說明所指導的論文沒有抄襲時，蘇院長卻說，現在不能再討論是否抄襲。這個坑，挖得未免太明顯了。

（三）如果學生沒抄襲、硬被認為有抄襲，也黯然放棄學位、宣布退選；卻還要藉此剝奪指導教授辛勤奉獻三十多年教職的退休金！試問，是否老師們人人自危，必然減少或拒絕指導學生，教學體系將陷入混亂，學校招生更是雪上加霜。

（四）「以和為貴」在當今政治的殺戮戰場已經變成諷刺。實在不敢想像，如果陳明通在被迫下臺後心灰意冷而放棄抗辯、致被臺大解聘、退休金被取消，那些已然「殺紅了眼」的政敵就會就此停止追殺嗎？

甚憾陳校長亦被誤導，阿通師自省決定出書說明

很遺憾的，「似是而非」的霸屏說道，竟然也誤導了臺大新任校長陳文章。他在 6 月 28 日接受媒體聯訪時回應，依照他自己的看法，陳明通應該向社會大眾致歉，大學教師指導的學生，其學位論文被撤銷，陳明通又稱有論文撰寫的公版，因此老師當然有責任。

阿通師更加確信，必須好好準備把事情來龍去脈說清楚，避免網路搜尋到的訊息繼續誤導社會認知。

6 月 29 日，臺大對外表示，陳明通日前已向臺大申請退休，並由臺大審核通過後隨即報教育部核准，教育部則視

先前校教評會結果函覆臺大核准，遂由臺大人事處頒發陳明通退休證，並由出納組核發退休金。

9月12日，臺大舉行年度「名譽教授、卸任主管暨退休人員茶會」，阿通師與眾退休同僚一樣出席這場道別臺大的儀式。社科院長蘇宏達卻在臉書發文說：

「……今天下午一點，我依通知參加臺大卸任主管暨人員榮退儀式時，赫然發現陳明通先生也在受獎之列，簡直驚訝地說不出話來，完全無法理解。

……我當場即向主任秘書等校主管反映，要求立即停止頒授陳明通先生任何獎項、刪除其名並請渠離場。榮退榮退，就是對有貢獻的前輩表達感謝，並非所有退休人士都可享此殊榮。臺大校長豈能對一個已被認定濫用臺大名器、嚴重斲傷臺大校譽、至少已兩位學生碩士論文抄襲被認定、迄今仍拒絕道歉的人頒獎表揚呢？

……陳文章校長此舉已羞辱了同樣受獎的前輩、在場觀禮的主管、所有過去同被表揚的退休人員，以及整個臺大百年校譽，完全喪失了擔任臺大校長的資格。頒獎陳明通，羞辱臺大莫此為甚，陳文章校長必須立刻下臺。」

蘇宏達2023年
9月12日臉書全文

對於蘇宏達的無差別掃射，臺大立即回應，前國發所教授陳明通已獲教育部核准退休，因此名列今年度本校退休人員之一，並由校長按例代表學校致贈紀念品一份，並非頒獎。

翻轉真相，這就是「世紀大冤案」！

即使陳明通不捨揮別教職，從臺大正式退休，果然還是有人不肯罷休，繼續窮追猛打，連退休儀式都不許他參加。這樣肆無忌憚、沒完沒了的批鬥，真的是為了「捍衛臺大學術聲譽」、「挺直大學脊梁」、「堅守知識分子風骨」嗎？

如果真相真如陳明通的聲明所言，林智堅並未抄襲、臺大學倫會的判決是一場「世紀大冤案」。那麼這個故事將會被徹底翻轉：

現在聲討陳明通的人，看起來就將會如同歷史上大多數的獵巫者一般，是以如何歇斯底里、充滿成見和不公正的態度，去對待被指控的人，他們必將因此遭世人所唾棄。

而「論文門」事件的本質也將會被改寫成：一群抱持政治目的的陰謀者，動員政治、媒體和網路的力量，試圖以謊言摧毀一個學者的人格與清白。

所以，我們也理解，阿通師認為本案是一場「世紀大冤案」，對於臺大社科院蘇院長所領導的「審定委員會」及「調查小組」成員，想必無法接受，又將試圖有所行動。

如此不離不棄，莫非阿通師與蘇院長有「宿怨」

從社科院的「調查小組」不僅要求學校將陳明通解聘，企圖剝奪他的退休金；在他正式退休之日，蘇院長甚至強烈抗議校方讓他出席榮退儀式……。這一路下來，實在讓人不免好奇：莫非阿通師和蘇宏達院長有任何「宿怨」嗎？

對此，陳明通表示，他真的跟蘇院長沒有什麼「宿怨」。

因為他們分屬不同系所，而且研究領域也不同，在學校裡更是偶爾碰面、互相客客氣氣的。即使在調查小組，鏡頭後的蘇院長還是很客氣的。

「所以我對他印象並不壞，但是沒想到他會是這樣的人？」或許真的是他無法接受一手主導的學倫案審定，被阿通師說是一場「世紀大冤案」吧？！

但如果他能將心比心：林智堅又何嘗能接受自己多年前的一時好心，將選舉時的民調資料分享給別人，卻因此憑空飛來橫禍，被臺大審定為抄襲、撤銷學位，並黯然退選？

三、所謂「學閥」與「大學的脊梁」

拉幫結派追殺同僚的大學脊梁,才是真正的學閥

> 　　現在,陳明通身心安頓,有的是時間,將一一爬梳剔抉,揪出那些動輒將論文爭議無限上綱到「踐踏學術倫理、敗壞政風官箴」之類帶風向、揮刀亂砍者。

　　陳明通在擔任執政黨的政務官時,因 2022 年學生所涉的學倫事件,竟遭連番批鬥為「踐踏學術倫理、敗壞政風官箴」,最後不得不請辭下臺。而當他回到學校依規定要辦理退休,卻又被批為「政治干擾學術」,還差點被解聘、被沒收退休金!顯然,陳明通的「特殊身分」,不僅沒能為其個人掙得什麼「特殊優待」,反而是遇事就被無限放大並究責,甚至「罪加一等」。

　　由於過去均有傳聞政界人士把持大學系所,並藉此栽培人脈,進而擴大其在政壇的影響力⋯⋯,部分媒體套用在阿通師身上,趁著論文鬥正熾,漫天箭雨時,順勢把他也批為「拉幫結派、政學兩棲的學閥」。

　　陳明通無端被批為「學閥」,既不可思議,也感到十分好奇:「像我們這些從學校借調出來的政務官,借調期間,各種系所決策會議都被停權,如何能把持系所?」

尤其，臺灣現在是一個民主開放的社會，政務官不僅在職務上要力求表現，做出成績，每天還要應付國會的監督，立委的問責，以及輿論、小編、自媒體各種認知作戰，哪有時間跟心情去管其他的事情？

　　何況政務官隨時都要有下臺的準備，特別是來自學界的政務官，就以他本身是學術專業，又不是政治專業，能有什麼政治追隨者？

　　陳明通常常自嘲是「政治單幹戶」，他說他從來就沒有能力、也不想自找麻煩弄出所謂「政學兩棲」的派閥，「我那些所謂『政界名流』的學生，哪一個不是靠自己的實力打拚出來的，與我何干？外界的那些批評實在太抬舉我了！」

　　「有一種指控是說我指導的學生高達 173 人，不是浮濫就是拉幫結派，指導的學生不乏綠營政治人物，所以是勾結政治人物成為政學兩棲的『學閥』？」這也是見縫插針的抹黑與惡意中傷。

　　臺大國發所教師名額高達 20 多位，按照學校所設定的師生比，國發所每年可以招收一般生 60 名、在職專班 30 名，博士生最多達 10 名，加上國際生及後來開放的陸生，每年總共大約 120 名學生，創立至今累積了數千名學生。國發

所規定教授每年可以指導碩士生至多 10 人，博士生 2 人，總共 12 人。

阿通師表示，「本人在臺大任教 30 年，有 173 位指導學生，平均每年不到 6 人，既可略盡教師的義務與責任，也沒超過。未查明事實就輕率亂扣『浮濫、拉幫結派』的帽子，實在很不應該。」

如前所述，在學術殿堂假借無端事由，拉幫結派打擊並追殺不同政治立場的同僚，才是真正的學閥，才有愧於自稱大學脊梁！

現在，陳明通身心安頓，有的是時間，將一一爬梳剔抉，揪出那些動輒將論文爭議無限上綱到「踐踏學術倫理、敗壞政風官箴」之類帶風向、揮刀亂砍者。也善意提醒在 2022 年的九合一地方大選中，同樣被爆論文抄襲爭議的「非民進黨」政治人物們（暫隱其名）：

凡走過必留痕跡，沒有人是局外人。

四、回到捍衛人權的初衷

臺灣轉型正義尚且未竟成功，又怎能坐視新添冤案？

> 轉千彎 轉千灘 亦未平復此中爭鬥
>
> 又有喜 又有愁 就算分不清歡笑悲憂
>
> 仍願翻 百千浪 在我心中起伏夠
>
> ─摘錄自《上海灘》（作詞：黃霑，1980）─

2024 年大選過後某一個寒流來襲的清晨，陳明通仍舊準時去晨泳。看著他用蛙式悠游在這個堪稱寬敞明亮的泳池中，雙臂、雙腿有韻律地收合划水前進時，你不禁會感好奇：他為什麼那麼堅持？

我指的當然不只是用蛙式游泳這件事。而是在經過這些日子的風風雨雨，歷經被一路追殺與獵巫，另一邊還要努力為自己和學生平反，縱使弄到同志皆曰不可、旁人皆曰可殺，搞到自己不僅丟了官位，最後還差點連退休金都領不到？甚至連林智堅自己都向教育部撤回對臺灣大學學位的訴願後，陳明通還是堅持認為、並試圖告訴整個社會：這是一場「世紀大冤案」！

說來不無諷刺，回顧這起「論文門」事件，起因於陳明通注意到某位政治人物的「外溢效應」開始，沒想到此效

應竟一發不可收拾，最後竟還「外溢」到自己身上。難道是因為事件的發展大大地出乎自己意料，再度引發他的研究興趣，想要為臺灣的「選舉學」領域，成就另一次的「實證研究」？

還是因為，正如陳明通在之前曾經提起過，從林智堅當初在定論文題目時不忍用「棄保」兩個字來描述另外兩位競爭者；選後更是不藏私地將自己花錢作的民調資料分享給別人作學術研究等，這些都足以顯示他是一個心地善良的年輕人。而在臺灣政壇，一個好人竟落得如此下場，人生到此，天道寧論？

又或者，盤點近年來臺灣社會因「認知作戰」所造成的各種亂象：疫苗之亂、缺蛋危機、臺積電赴美投資等等，「論文門」顯然也是在此脈絡下的又一經典。當臺灣已經變成一個「反烏托邦」：人與人之間失去互信基礎，社會充滿各式各樣的陰謀論。身為知識分子，焉能旁觀、默不作聲？

當然，最有可能是，當陳明通娓娓道來，這則摻雜了選舉恩怨、政治鬥爭，合併著認知作戰，本質卻與學術倫理關係不大的故事時，似乎也在提醒我們，不管為了什麼崇高的理由：學術、選舉、大學、政治、脊梁，都不應該用犧牲（少數人的）人權作為代價！保障每個人的基本人權，免於受到任何形式威權的侵害，這不正是我們選擇以民主制度取代獨裁專制最主要的原因！？

陳明通曾提及，年輕時陪同他的恩師去探望當時受難的「黨外人士」的往事（請見第 132 頁），顯然他是見識過在黨國強控制時代，那些追求臺灣民主的人士，是如何用個人身家性命去抵抗威權的。只是沒有想到，多年以後威權的邪靈化整為零，以認知作戰的形式，又在臺灣復活！在追求民主的路上，我們總是為了人權而對抗強權，只是現在的強權不再那麼顯而易見，它已經隱身在受到各式各樣陰謀論撩撥後的人心中。

臺灣從威權邁向民主的路上，有志之士努力還原歷史真相、實踐轉型正義尚且未竟全功，又怎能坐視新添冤案？

所以陳明通為什麼那麼堅持？也許他本身也無法一言以蔽之吧？

但看著他專注地划水前進，不一會兒工夫又折返游了一趟，似乎在說：縱然這個世界並不美好，但身而為人，仍值得我們為人權而奮鬥！

每個人都該有人權——這就是最好的理由，不是嗎？

論文門大事紀要

時間	事件	本書頁次
2000 年	臺灣大學於 1974 年成立的「三民主義研究所」，2000 年正式更名為「國家發展研究所」（簡稱國發所），目前設有碩士班、博士班及碩士在職專班。	
2015 年		
年初	陳明通開始利用 2014 地方選舉柯文哲及林智堅內參民調撰寫「柯文哲現象的外溢效應：民進黨新竹市長候選人林智堅的個案分析」，約略 8 月初完成，於 8 月 11 日投稿到《選舉研究》期刊。	42
9 月	新學期開始，林智堅來找陳明通談碩士論文，想研究 2014 年新竹市長選舉的槓桿者效應，陳明通欣然接受，開始指導林智堅論文寫作。	47
12 月 21 日	余正煌研究計畫口試，口試委員要求他應該實際採訪在臺陸生。余正煌由於畢業年限只剩半年，恐無法完成，便找所長陳明通商量，希望換口試委員。陳所長答覆不宜，並建議換題目為「林智堅勝選的政治社會基礎分析」，重組口試委員會。	57
12 月 27 日	陳明通與林智堅討論出第一份論文寫作底稿。	49
	余正煌還在為原先的研究計畫未獲口試委員認可而苦惱。	65

時間	事件	本書頁次
12 月 29 日	上午 10:00 左右,余正煌再度到陳明通研究室。陳明通回覆,余正煌的指導教授同意余正煌換題目。	58
	下午 12:30 左右,陳明通把根據研究設計所需要的統計分析,用電腦中的 SPSS 程式跑出來,並製作成 19 張統計表格。	59
2016 年		
1 月 5 日	林智堅持續與陳明通討論、修改研究計畫。	64
	余正煌三度來到陳明通的研究室,陳明通拿出 12 月 29 日余離開後他幫余彙整的論文寫作底稿,開始一步一步教導余正煌,包括研究設計要怎麼撰寫,最後 17 張統計表格要怎麼解釋,並當場 email 給余正煌,檔案上面附上了陳明通撰寫的示範文字(已公證)。	59
1 月 28 日	林智堅持續與陳明通討論、修改研究計畫。	64
	余正煌向社科院審定委員會及法院自證 1 月 28 日以前的論文進度,對比 1 月 5 日陳給余的寫作底稿,僅增加了 4 頁多一點點,可謂毫無寫作進度。	65

時間	事件	本書頁次
1月30日	陳明通與林智堅在研究室討論研究計畫,並把討論修改的結果讓林智堅帶回去。	54
2月1日	凌晨 01:01 陳明通 email 1 月 30 日修改結果的再修正內容給林智堅,研究計畫內容已完成雛形(已公證)。	54
	余正煌陷入寫作困難。	65
2月中下旬	林智堅持續與陳明通討論、修改論文。	64
	余正煌向陳明通尋求協助,陳明通將指導林智堅的創作結果,特別是研究設計這一部分提供給余正煌參考,方式是直接增補到陳明通原先為余正煌草擬的論文寫作底稿。	65
3月8日	林智堅持續與陳明通討論、修改論文。	64
	余正煌 email 其所完成的論文研究計畫初稿(已公證),向陳明通表示要申請研究計畫口試。	65
3月22日	余正煌通過研究計畫口試。	65
7月17日	余正煌通過論文口試。	65
2017 年		
1月13日	林智堅通過論文口試。	64

時間	事件	本書頁次
2018 年		
3 月 19 日	蘇宏達在臺大社科院舉辦「臺大自主與校園民主座談會」，免費請所有參加者吃飯糰。蘇宏達並用校內信箱寄信給他的所有學生，呼籲大家出來挺管捍衛臺大，出席講座寫心得可以抵一篇作業。	103
9 月	「關西機場事件」後，蘇宏達冒用外交官身分發表文章《誰殺了我們的外交官？一個臺灣外交官的痛心告白》，批評民進黨政府，遭踢爆他根本就不是現任外交官。	103
11 月	蘇宏達於臉書發布《誰在消滅我們的故宮？你所不知道的民進黨文化大革命！》、《民進黨要消滅的不是只有故宮！》等影片，批評蔡政府的故宮政策。	103
2021 年		
2 月 23 日	陳明通擔任國安局局長	135
8 月	蘇宏達當選臺大社會科學院院長。	
2022 年		
2 月 24 日	烏克蘭戰爭爆發。	76
7 月	陳明通率團訪問泰國。	76
	日本首相安倍晉三首相遇刺身亡。	76

時間	事件	本書頁次
	臺北市議員王鴻薇指控桃園市長參選人林智堅在2008年就讀中華大學科技管理所碩士時，所發表的論文《以TCSI模式評估國內某科學園區之週邊居民滿意度》涉嫌抄襲。	73
	資深媒體人黃揚明在臉書爆料，林智堅在2013年赴臺灣大學國家發展研究所進修，寫的碩士論文《三人競選之中槓桿者的政治社會基礎及其影響：以2014新竹市長選舉為例》，涉嫌抄襲同所碩士生余正煌的論文。	73
7月5日	林智堅召開記者會自清，表示中華大學論文是在研討會發表的共同研究，且林智堅有一同參與標案；並秀出賀力行、王明郎兩位教授的書面聲明為證。關於臺大論文林智堅表示，內容與資料都是出自於他本人之手，包括問卷的設計、回收，資料分析等，整個過程都有參與，強調自己才是原著，沒有抄襲。余正煌是透過教授介紹後向他借了資料參考，而他因為擔任市長比較忙碌，因此才會比余同學晚交論文。	73
	關於臺大論文陳明通表示，問卷設計者是林智堅，因另一位碩士生余正煌的題目進行不順，徵得林智堅同意後將資料提供給對方。但因余正煌先畢業，才會導致外界誤解抄襲，實際是林智堅的論文較有原創性。	74

時間	事件	本書頁次
7月6日	國民黨議員徐巧芯發送正式信函給臺灣大學，具名檢舉林智堅論文涉嫌抄襲余正煌的論文。	74
	臺大校方收到林智堅論文抄襲的檢舉，表示將會在2個月內完成學術倫理審定委員會（簡稱審定會）審議。	74
	林智堅對王鴻薇提告加重誹謗，楊植斗、練鴻慶、陳芳盈與蔡宗豪等四名國民黨地方議員參選人也同時提告林智堅違反著作權法。	
7月8日	徐巧芯在臉書發文說，收到臺大教務處正式回覆：已通過要件審查，確定受理。	74
	臺大教務處分別於2022年7月6日、7月7日接獲有關「國發所林智堅碩士學位論文涉嫌抄襲違反學術倫理」的檢舉，旋即根據《國立臺灣大學博、碩士學位論文違反學術倫理案件處理要點》規定，於7月8日確認受理；並於同日函送社科院處理。	100
7月11日	王鴻薇向教育部檢舉陳明通學術詐欺。	
7月22日	時任社科院長的蘇宏達院長透過臺大社會科學院辦公室，向全院博士、碩士、學士和碩士專班學生發表「一封信」，信中將林智堅論文門事件稱為「醜聞」，明顯未審先判。	101
7月23日	陳明通發出4000字聲明，說明林智堅的臺大論文無涉抄襲並且為原創。	107

時間	事件	本書頁次
7月24日	林智堅召開記者會，公開相關檔案、信件往返的時間順序，說明臺大論文是他題目發想在先、研究大綱在先、研究設計的寫作也在先，強調自己是「善意的資料提供者」，絕無抄襲。	
7月26日	臺大審定會召集人、臺大社科院院長蘇宏達，因曾在內部信件中提及林智堅論文抄襲一事，使用到「醜聞」二字，遭林智堅委任律師黃帝穎認定未審先判，在臉書上指出依據《專科學校以上學術倫理案件處理原則》、《行政程序法》等規定，蘇宏達依法應迴避，讓臺大學倫回歸公正客觀程序。	104
7月27日	臺大正式召開審定會，一開始先討論迴避案，最終所有委員投票一致決定駁回，理由是林智堅並無具體事實足以認定蘇宏達有執行職務偏頗之虞。但林智堅透過律師表示，在蘇宏達迴避前不到場，陳明通也未出席。	104
7月28日	林智堅團隊召開記者會，提出「第一人稱」、「研究架構」、「研究變數」三論點，足以支持林智堅的寫作邏輯，並顯示余正煌論文內容的突兀。林智堅發出 6000 字聲明，條列五大部分說明論文的原創性、與余正煌的論文雷同原因，以及相關事證等比對和說明，表示「自己比任何人更在乎我的人格和名譽」。	

時間	事件	本書頁次
7月28日	下午，總統蔡英文召集林智堅、桃園市長鄭文燦、民進黨立法院黨團總召柯建銘等人，至總統官邸商討選情。林智堅藉此向蔡英文說明論文事件始末，蔡英文指示「持續以證據為基礎，向外界進行說明」。	
7月29日	旅美學者翁達瑞在臉書指出，余正煌的引註是學術詐欺。	66
7月31日	陳明通再度發表聲明，強調是他先修正林智堅論文，再供余正煌參考。	75
8月	裴洛西來臺後，北京發動「圍臺軍演」。	77
8月	臺大研究誠信辦公室在 7 月 21 日、8 月 1 日及 8 月 11 日、8 月 8 日，共收到 4 位民眾具名檢舉陳明通有違反學術倫理。	148
8月1日	王鴻薇召開記者會，砲轟陳明通稱「將林的論文給另名學生余正煌使用」，等同「犯罪自白」確定，明顯違背學術倫理！向教育部及臺大具名檢舉陳明通，並意有所指的公開說，「若成立則臺大國發所恐面臨停招、減招、無法獲得教育補助款等懲處。」	109
8月9日	上午 11 點，臺大召開記者會，時任臺大校長管中閔表示「感謝審定委員們能在不受外界影響下，投入大量時間和心力，依照『嚴格的學術標準』，完成了調查與審定的工作」，致詞結束即離席。	109

時間	事件	本書頁次
8月9日	由臺大主秘王根樹、教務長丁詩同及身兼審定會召集人的社科院長蘇宏達等人一同出席對外說明調查結果：認定林智堅國發所碩士畢業論文確實抄襲余正煌的碩論，且情節嚴重，建議撤銷林智堅的碩士學位。	109
	下午 1:11，旅美學者翁達瑞在臉書指出，臺大「橫柴入灶」的抄襲認定。	
	下午 7:28，旅美學者翁達瑞在臉書發布林智堅、余正煌二人的論文比對照片，打臉臺大的草率調查。	
8月10日	民進黨黨主席的總統蔡英文，在中執會上公開力挺，呼籲全體黨公職團結一致，「相信同志，捍衛林智堅清白。」	116
	國民黨黨主席朱立倫在中常會表示，要支持臺灣最高學府基於「學術良心」所做出來的決定，「不能為了一個人毀掉臺大。」	126
	下午 12:48，旅美學者翁達瑞在臉書發布「斯文掃地的臺大高層」。	
8月11日	下午 3:50，旅美學者翁達瑞在臉書發布「請管中閔回答幾個常識問題。	

時間	事件	本書頁次
8月12日	林智堅宣布退選桃園市長，鄭運鵬接棒參選。	127
8月13日	下午 12:11，旅美學者翁達瑞在臉書發布「臺大應釐清的調查疑點」。	
8月14日	上午 9:41，旅美學者翁達瑞在臉書發布「讓臺大師生蒙羞的英文摘要」。	
8月15日	下午 3:46，旅美學者翁達瑞在臉書發布「臺大審委會『吞』了關鍵證據」。	
	陳明通以公務繁忙為由，退回新學期兼任教師聘書。	127
8月16日	臺灣大學召開記者會表示，自 111 學年度起陳明通不再應聘兼課，由於他是兼任教授，故並非辭職。	
	下午 4:17，旅美學者翁達瑞在臉書發布「玷污學者求真使命的臺大審委會」。	
8月17日	下午 3:57，旅美學者翁達瑞在臉書發布「翁達瑞憑什麼挑戰臺大？」	
8月24日	中華大學對外公布審議會決議，認定林智堅抄襲、撤其碩士學位。	

時間	事件	本書頁次
8月25日	國民黨在立法院黨團開記者會表示，國安局長陳明通過去為了林智堅臺大碩士論文涉嫌抄襲案三度發表說明、帶風向、澄清，已經違反國安局長應有的作為，待立法院開議之後，會追究陳明通的政治責任。	130
	臺大研究誠信辦公室收到的4位民眾具名檢舉陳明通函，經臺大學術倫理委員會第59次會議審議，決議要點：「本案建議另依校內行政程序，研議後續處理方式。」	148
8月30日	臺大人事室2022年8月29日簽奉核准後，將相關案件於2022年8月30日移請社會科學院，依《國立臺灣大學教師懲處要點》規定辦理。	149
10月1日	陳明通出席臺大社會科學院對他「疑涉學生論文指導不周等相關疑義案」所成立的調查小組。	149
10月15日	調查小組的「國立臺灣大學社會科學院國家發展研究所陳明通教授及李碧涵教授疑涉學生論文指導不周等相關疑義案調查報告書」，載明決議為：「建請學校依法啟動解聘或資遣程序，解除陳師現有碩博士論文指導工作，並不再聘任為兼任教授。」等非常嚴厲的懲罰。	154
11月23日	王鴻薇在臉書上表示，2016年新竹物流前營運長陳榮泉以新竹物流公司名義，捐給陳明通臺大研究案400萬元。	83

時間	事件	本書頁次
11月 23日	臺大在第一時間公開澄清，外界所提及2016年間捐贈案，皆依照「國立臺灣大學受贈收入收支管理要點」辦理，經費使用須有合法單據，且符合會計規則及捐贈目的用途始能核銷。	84
11月 26日	九合一地方選舉。	
2023年		
1月 7日	管中閔卸任臺灣大學校長。	
1月 8日	陳文章新任臺灣大學校長。	
1月 10日	國民黨立法院黨團在立法院朝野黨團協商總預算案時，提案要求國安局長陳明通為指導學生林智堅論文惹議道歉並下臺。	140
	陳明通表示，林智堅論文門是冤案，如果通過這樣提案，無法接受。	140
1月 26日	總統府發言人張惇涵表示，國安局長陳明通已向總統請辭。	140
1月 30日	陳明通卸任國安局長。	

附錄一　論文門大事紀要

時間	事件	本書頁次
2月15日	臺北市議員徐巧芯開網路直播捏造陳明通有一個「新竹大研究」，其概念大約是由陳明通撰寫最基本的「公版」之後，再請余正煌去補充內容，變成「公版」，再讓其他的學生，包括林智堅，去按照「公版」的內容去發揮，所以是林智堅抄襲余正煌論文云云。	89
5月26日	臺大啟動國發所教評會、社科院教評會及校教評會，三級三審，以議決是否解聘「陳教授」。總共有 61 位的教評會成員，絕大多數的成員都不同意調查小組所作成「解聘或資遣」的建議。	155
6月14日	臺大對外表示，經三級教評會（所、院、校）的審議，認定陳明通確有指導不周等違失行為，但因情節尚未達應予解聘的程度，因此做出「不予解聘」的決議。	157
	王鴻薇在臉書上發文帶風向，臺大不解聘陳明通，便是要將退休金當作「阿通師」的畢業禮物。	163
6月17日	陳明通透過律師吳佶諭發表三點聲明。	157
6月27日	蘇宏達在臉書發文，要求教育部和臺大校方立即公開林智堅案、鄭文燦案和陳明通案的 3 份審定審議報告書全部內容。	163

時間	事件	本書頁次
6月28日	臺大校長陳文章接受媒體電話訪問，強調以臺大教授身分表態，認為陳明通兩位學生學位接連遭撤銷，已傷害到臺大聲譽，陳明通應向社會致歉。	165
6月29日	臺大對外表示，陳明通日前已向臺大申請退休，並由臺大審核通過後隨即報教育部核准，教育部則視先前校教評會結果函覆臺大，屆時由臺大人事處頒發陳明通退休證。	165
6月30日	下午 12:35，旅美學者翁達瑞在臉書發布「不知所云的臺大校長陳文章」。	
	臺大舉行年度「名譽教授、卸任主管暨退休人員茶會」。	166
9月12日	蘇宏達不滿陳明通出席「名譽教授、卸任主管暨退休人員茶會」，除在現場表達抗議外，更在臉書發文指出，頒獎陳明通，羞辱臺大莫此為甚，陳文章校長必須立刻下臺。	166
	臺大回應，前國發所教授陳明通已獲教育部核准退休，因此名列今年度本校退休人員之一，並由校長按例代表學校致贈紀念品一份，並非頒獎。	167
12月22日	蘇宏達爭取臺大社會科學院院長連任未果。	
12月24日	下午 1:05，旅美學者翁達瑞在臉書發布「相信翁達瑞或臺大學倫會」。	190

附錄一　　論文門大事紀要

相信翁達瑞或臺大學倫會

翁達瑞／美國大學教授 2023/12/24 13:05

　　昨天，臺大社科院的院務會議否決蘇宏達院長的連任案，原因是蘇宏達政治凌駕學術，強勢主導林智堅抄襲案。臺大社科院教授的決定等同承認林智堅遭受臺大學倫會的冤枉。

　　去年 7 月 25 日，在王鴻薇的檢舉下，臺大成立學倫委員會，調查林智堅與余正煌的碩士論文抄襲疑案。

　　8 月 9 日，臺大召開臨時記者會，校長管中閔、教務長丁詩同、社科學院長蘇宏達輪番上臺，指稱林智堅的碩士論文抄襲余正煌，而且情節嚴重。

　　臺大宣布撤除林智堅的學位，並去函各大學圖書館，要求立刻下架林智堅的論文。8 月 12 日，林智堅退出桃園市長的選舉。

　　退選後的林智堅成為過街老鼠，黨內外無人相挺。對臺大學倫會的火速調查，以及臺大高層公審林智堅的乖張行徑，學界幾乎一片噤聲。

　　翁達瑞是少數的例外！

臺大的判定出爐後，我連寫九篇長文，挑戰臺大學倫會的調查結果。經過詳細的文稿比對，我判定余正煌抄襲林智堅，而不是林智堅抄襲余正煌。

　　這九篇文章都還貼在我的臉書版面，時序與標題臚列如下（編按：全文及附圖請見文末所附 QR Code）：

2022/8/9：臺大「橫柴入灶」的抄襲判定（附圖一）

2022/8/9：打臉臺大的草率調查（附圖二）

2022/8/10：斯文掃地的臺大高層（附圖三）

2022/8/11：請管中閔回答幾個常識問題（附圖四）

2022/8/13：臺大應釐清的調查疑點（附圖五）

2022/8/14：讓臺大師生蒙羞的英文摘要（附圖六）

2022/8/15：臺大審委會「吞」了關鍵證據（附圖七）

2022/8/16：玷污學者求真使命的臺大審委會（附圖八）

2022/8/17：翁達瑞憑什麼挑戰臺大？（附圖九）

　　這九篇長文獲得大量的讀者點讚，但激不起任何社會漣漪。當時的輿論把爭議簡化成一個問題：你要相信臺大或民進黨？

　　民眾相信的是學術聲譽卓著的臺灣大學，而非被黨國媒體醜化多年的民進黨。民眾相信的是臺大學倫會，而非筆名作者翁達瑞。

身為資深學者，我懷有「找出真相、道出真相」的使命感。儘管社會氛圍對林智堅相當不利，我仍然極力為他洗刷冤屈。

　　我挑戰臺大的貼文出來之後，就在 8 月 25 日，余正煌委任三位律師到臺北地檢署對我提告，罪名是誹謗與公然侮辱。

　　我的處境可謂「萬箭穿心」，被媒體形容成躲在鍵盤後面的假教授，收取金錢報酬充當打手，捏造不實謠言進行政治抹黑。

　　在媒體一片喊打聲中，我決定自揭隱藏多年的真實身分，親赴臺北地檢署報到，迎戰余正煌對我提告的官司。在後續的司法偵辦過程，我連贏余正煌三局：

　　～臺北地檢署給我不起訴處分。

　　～余正煌不服聲請再議，高檢署予以駁回。

　　～余正煌還是不服聲請交付審判，臺北地方法院仍然予以駁回。

　　在這三局的司法對陣，北檢與高檢的書狀均有這段話：

　　「被告發表……之文章，係依據自身之學經歷，且於合理查證後，有相當理由確信其為真實，始就臺大審委會認定林智堅論文涉嫌抄襲告訴人論文乙事，提出合理質疑與批評，並得出與臺大審委會完全相反之見解」（附圖十）。

北院也如此認定：「本案言論……係被告依據自身之學經歷，且於合理查證後所為，被告有相當理由確信其為真實」（附圖十一）。

三個司法單位的書狀間接否定了臺大的學倫調查結果，但臺大仍然不動如山。新任校長陳文章重彈老調，指稱林智堅涉及抄襲，還要指導教授陳明通向社會道歉。

針對陳文章的離譜言論，我在今年 6 月 30 日又寫了一篇長文，重申林智堅遭受臺大學倫會的冤枉，新任校長陳文章的言論簡直不知所云（附圖十二）。

終於……臺大社科院的教授有了動作！

在昨天的院務會議，臺大社科院否決了蘇宏達的院長連任案。蘇宏達是首位被教授投票否決連任的社科院長，原因是政治凌駕學術，主導林智堅抄襲冤案，造成院內同仁不滿。

據我所知，臺大社科學院有 45 位院務代表，只有 18 位支持蘇宏達連任。蘇宏達應該自知理虧，並未尋求全院教授複決院務代表的投票結果，只能黯然下臺。

林智堅抄襲冤案發生後，臺大社科院的教授一片噤聲。在蘇宏達的院長連任案，他們終於硬起來了。雖然時間有點晚，但總算體現了是非公道。

　　　　　　　　附錄二　　相信翁達瑞或臺大學倫會

投票否決蘇宏達連任的臺大教授，也許讀過我挑戰臺大學倫會的文章。如果臺大新任校長陳文章真的在乎真相，也應閱讀這一系列的文章，並重啟林智堅案的調查。

在此之前，民眾應該相信翁達瑞，而不是臺大學倫會，因為翁達瑞的判定有三個司法單位背書，也與臺大社科院教授否決蘇宏達連任的決定一致，而臺大學倫會卻是黑箱作業。

翁達瑞全文

　　　　　　　　　　　附錄二　　　相信翁達瑞或臺大學倫會

2016.02.01 林智堅的研究計畫	2016.03.08 余正煌的研究計畫
第一章 第三節 **參、概念界定、操作性定義與測量** （一）蔡仁堅的社會基礎 概念性定義：所謂「蔡仁堅的社會基礎」主要在探討蔡仁堅的社會支持情形，換言之，社會上到底是怎樣的人在支持蔡仁堅？要回答此一問題，一個比較簡單的切入點是從「人口統計學變數」（demographic variables）去理解，因此我們選擇了性別、年齡、教育程度及職業等四個變數加以考驗。 所以選擇性別變數，主要是鑑於過去蔡仁堅頗受女性的歡迎，因此我們假定女性比男性更傾向投票給蔡仁堅。	**第一章 第三節** **參、概念界定、操作性定義與測量** （一）林智堅的社會基礎 概念性定義：所謂「林智堅的社會基礎」主要在探討林智堅的社會支持情形，換言之，社會上到底是怎樣的人在支持林智堅？要回答此一問題，一個比較簡單的切入點是從「人口統計學變數」（demographic variables）去理解，因此我們選擇了性別、年齡、教育程度及職業等四個變數加以考驗。 所以選擇性別變數，主要是女性在過往的投票行為研究中，女性對於政治的認知是屬於比較被動的，通常會被賦予保守及冷漠的形象，因此，當林智堅負有「民進黨」的黨籍時，其負有改革之形象，因此我們假定男性比女性更傾向投票給林智堅，即女性因趨於保守，所以比較不會投給林智堅。

於林智堅更早的研究計畫對照表

2016.07.21 余正煌的碩士論文	說明
第一章 第三節 **參、概念界定、操作性定義與測量** （一）林智堅的社會基礎 概念性定義：所謂「林智堅的社會基礎」主要在探討林智堅的社會支持情形，換言之，社會上到底是怎樣的人在支持林智堅？要回答此一問題，一個比較簡單的切入點是從「人口統計學變數」（demographic variables）去理解，因此我們選擇了性別、年齡、教育程度及職業等四個變數加以考驗。 所以選擇性別變數，主要是女性在過往的投票行為研究中，女性對於政治的認知是屬於比較被動的，通常會被賦予保守及冷漠的形象（楊婉瑩、劉嘉薇，2006：122-123；胡幼偉、林政谷、林佩霓，2010：36-39），因此，當林智堅負有「民進黨」的黨籍時，其負有改革之形象，因此我	林研究計畫 P.6-7 余研究計畫 P.10-11 余論文 P.10-11 紅字部分最早在 2016.02.01 林智堅的研究計畫初稿就已出現這些文字敘述。

所以選擇年齡變數，主要是基於不同的年齡層會有不同投票取向的前提。2014 年選舉，新竹市三位主要候選人，蔡仁堅 62 歲（1952 年出生），許明財 61 歲（1953 年出生），林智堅 39 歲（1975 年年出生）。蔡許兩人屬於同一世代，林智堅則屬於更年輕的世代，本論文認為這種顯著的世代差異，將影響選民的投票行為。具體假設是，蔡仁堅將獲得比較年長世代的支持，對同一世代的許明財構成挑戰，但對林智堅的挑戰較弱。

所以選擇教育程度變數，主要是基於不同的教育程度會有不同投票取向的前提。學歷較高的選民比較會投給高學歷的候選人，學歷較低的選民則可能無此差別。

所以選擇年齡變數，主要是基於不同的年齡層會有不同投票取向的前提。2014 年選舉，新竹市三位主要候選人，蔡仁堅 62 歲（1952 年出生）、許明財 61 歲（1953 年出生）及林智堅 39 歲（1975 年年出生）。蔡仁堅及許明財兩人屬於同一世代，林智堅則屬於更年輕的世代，本論文認為這種顯著的世代差異，將影響選民的投票行為。具體假設是，林智堅可獲得比較年輕世代的支持。

所以選擇教育程度變數，主要是基於不同的教育程度會有不同投票取向的前提。學歷較高的選民比較會投給高學歷的候選人，學歷較低的選民則可能無此差

們假定男性比女性更傾向投票給林智堅，即女性因趨於保守，所以比較不會投給林智堅。 所以選擇年齡變數，主要是基於不同的年齡層會有不同投票取向的前提（廖益興，2011：33-34）。早期在胡佛的研究當中即提出，愈年輕的選民，愈傾向不支持國民黨（胡佛、游盈隆，1984：25-26）。2014 年選舉，新竹市三位主要候選人，蔡仁堅 62 歲（1952 年出生）、許明財 61 歲（1953 年出生）及林智堅 39 歲（1975 年年出生）。蔡仁堅及許明財兩人屬於同一世代，林智堅則屬於更年輕的世代，本論文認為這種顯著的世代差異，將影響選民的投票行為。具體假設是，林智堅可獲得比較年輕世代的支持。 所以選擇教育程度變數，主要是基於不同的教育程度會有不同投票取向的前提。學歷較高的選民比較會投給高學歷的候選人，學歷較低的選民則可能無此差別	

檢視蔡、許、林三位候選人，蔡仁堅的學歷最高，臺北醫學院藥學系畢業後，赴美留學取得美國哈佛大學政府學院公共行政碩士；許明財亦具有美國碩士學位的學歷，根據選舉公報的記載是多明尼克肯大學（dominican university）公共行政碩士，不過這所大學性質屬社區大學，而非州立大學。至於林智堅當時係臺灣大學的碩士二年級生，可謂「准碩士」。本論文假設以蔡仁堅亮麗的學歷，可以吸引較高學歷的選民支持。

所以選擇職業變數，主要是基於不同的職業會有不同投票取向的前提。一般來講，軍公教選民傾向支持國民黨，中小企業主比較支持民進黨，至於蔡仁堅比較容易獲得怎樣的職業類別者支持，坦白講有待進一步的探究。不過以蔡仁堅的出身，本論文基本上假設比較容易獲得白領階級的職業者支持。

別。檢視蔡仁堅、許明財及林智堅三位候選人，蔡仁堅的學歷最高，臺北醫學院藥學系畢業後，赴美留學取得美國哈佛大學政府學院公共行政碩士；許明財亦具有美國碩士學位的學歷，根據選舉公報的記載是多明尼克肯大學（dominican university）公共行政碩士，不過這所大學性質屬社區大學，而非州立大學。至於林智堅當時係臺灣大學的碩士二年級生，可謂「准碩士」。本論文假設以林智堅的學歷，可以吸引較高學歷的選民支持。

所以選擇職業變數，主要是基於不同的職業會有不同投票取向的前提。一般來講，軍公教選民傾向支持國民黨，中小企業主比較支持民進黨。以新竹市科技園區的環境特性，本論文假設林智堅比較容易獲得中小企業主職業者的支持。

（陳光輝、洪昭明，2013：379-386）。檢視蔡仁堅、許明財及林智堅三位候選人，蔡仁堅的學歷最高，臺北醫學院藥學系畢業後，赴美留學取得美國哈佛大學政府學院公共行政碩士；許明財亦具有美國碩士學位的學歷，根據選舉公報的記載是多明尼克肯大學（dominican university）公共行政碩士，不過這所大學性質屬社區大學，而非州立大學。至於林智堅當時係臺灣大學的碩士二年級生，可謂「准碩士」。本論文假設以林智堅的學歷，可以吸引較高學歷的選民支持。

所以選擇職業變數，主要是基於不同的職業會有不同投票取向的前提（林宗弘、胡克威，2011：111-128）。而學者胡佛、游盈隆（1983：225-259）也提及不同職業的選民會有不同的投票取向。一般來講，軍公教選民傾向支持國民黨，中小企業主比較支持民進黨。以新竹市科技園區的環境特性，本論文假設林智堅比較容易獲得中小企業主職業者的支持。

附錄三　余正煌的研究計畫、碩士論文源自於林智堅更早的研究計畫對照表

操作性定義：本論文透過下列四個題目詢問受訪者，來探討蔡仁堅的社會基礎。	操作性定義：本論文透過下列四個題目詢問受訪者，來探討林智堅的社會基礎。
1-1・受訪者性別 □ 0. 女性 □ 1. 男性 □ 99. 遺漏值或跳答	**1-1・受訪者性別** □ 0. 女性 □ 1. 男性 □ 99. 遺漏值或跳答
1-2・請問您今年大約幾歲？ □ 1.20 ～ 29 歲 □ 2.30 ～ 39 歲 □ 3.40 ～ 49 歲 □ 4.50 ～ 59 歲 □ 5.60 ～ 69 歲 □ 6.70 歲及以上 □ 99. 拒答	**1-2・請問您今年大約幾歲？** □ 1.20 ～ 29 歲 □ 2.30 ～ 39 歲 □ 3.40 ～ 49 歲 □ 4.50 ～ 59 歲 □ 5.60 ～ 69 歲 □ 6.70 歲及以上 □ 99. 拒答
1-3・請問您的教育程度？ □ 1. 小學及以下 □ 2. 國中（初中） □ 3. 高中、高職 □ 4. 專科 □ 5. 大學 □ 6. 碩士 □ 7. 博士 □ 97. 其他【請註明】 □ 98. 拒答 □ 99. 遺漏值或跳答	**1-3・請問您的教育程度？** □ 1. 小學及以下 □ 2. 國中（初中） □ 3. 高中、高職 □ 4. 專科 □ 5. 大學 □ 6. 碩士 □ 7. 博士 □ 97. 其他【請註明】 □ 98. 拒答 □ 99. 遺漏值或跳答
1-4・請問您的職業 □ 1. 軍公教 □ 2. 自營商企業主 □ 3. 高階白領 □ 4. 基層白領 □ 5. 高階藍領 □ 6. 基層藍領 □ 7. 農林漁牧礦 □ 8. 家庭主婦 □ 9. 學生 □ 10. 無業 / 待業 □ 11. 退休 □ 97. 其他【請註明】 □ 98. 拒答 □ 99. 遺漏值或跳答	**1-4・請問您的職業** □ 1. 軍公教 □ 2. 自營商企業主 □ 3. 高階白領 □ 4. 基層白領 □ 5. 高階藍領 □ 6. 基層藍領 □ 7. 農林漁牧礦 □ 8. 家庭主婦 □ 9. 學生 □ 10. 無業 / 待業 □ 11. 退休 □ 97. 其他【請註明】 □ 98. 拒答 □ 99. 遺漏值或跳答

操作性定義：本論文透過下列四個題目詢問受訪者，來探討林智堅的社會基礎。

1-1．受訪者性別
□ 0. 女性 □ 1. 男性 □ 99. 遺漏值或跳答

1-2．請問您今年大約幾歲？
□ 1.20 ～ 29 歲 □ 2.30 ～ 39 歲
□ 3.40 ～ 49 歲 □ 4.50 ～ 59 歲
□ 5.60 ～ 69 歲 □ 6.70 歲及以上
□ 99. 拒答

1-3．請問您的教育程度？
□ 1. 小學及以下 □ 2. 國中（初中） □ 3. 高中、高職 □ 4. 專科
□ 5. 大學 □ 6. 碩士 □ 7. 博士
□ 97. 其他【請註明】□ 98. 拒答
□ 99. 遺漏值或跳答

1-4．請問您的職業
□ 1. 軍公教 □ 2. 自營商企業主 □ 3. 高階白領 □ 4. 基層白領 □ 5. 高階藍領 □ 6. 基層藍領 □ 7. 農林漁牧礦 □ 8. 家庭主婦 □ 9. 學生 □ 10. 無業 / 待業
□ 11. 退休 □ 97. 其他【請註明】
□ 98. 拒答 □ 99. 遺漏值或跳答

林研究計畫 P.7
余研究計畫 P.11
余論文 P.11

紅字部分最早在 2016.02.01 林智堅的研究計畫初稿就已出現這些文字敘述。

因篇幅有限，完整內容請掃描 QR Code：余正煌的研究計畫、碩士論文源自於林智堅更早的研究計畫對照表

2022 的學倫獵巫事件簿
阿通師談林智堅論文門始末

作　　者 ： 洪浩唐
封面設計 ： 盧穎作
美術設計 ： 洪祥閔

社　　長 ： 洪美華
總 編 輯 ： 莊佩璇
編　　輯 ： 何　喬
市場行銷 ： 黃麗珍
出　　版 ： 幸福綠光股份有限公司
地　　址 ： 台北市杭州南路一段 63 號 9 樓之 1
電　　話 ： (02)23925338
傳　　真 ： (02)23925380
網　　址 ： www.thirdnature.com.tw
E－m a i l ： reader@thirdnature.com.tw
印　　製 ： 中原造像股份有限公司
初　　版 ： 2024 年 3 月
郵撥帳號 ： 50130123 幸福綠光股份有限公司
定　　價 ： 新台幣 360 元（平裝）

本書如有缺頁、破損、倒裝，請寄回更換。
ISBN　978-626-7254-44-8

總經銷：聯合發行股份有限公司
新北市新店區寶橋路 235 巷 6 弄 6 號 2 樓
電話：(02)29178022 傳真：(02)29156275

國家圖書館出版品預行編目資料

2022 的學倫獵巫事件簿：阿通師談林
智堅論文門始末／洪浩唐著 -- 初版 . --
臺北市：幸福綠光 , 2024.03
面；　公分

ISBN 978-626-7254-44-8（平裝）

1. 言論集

078　　　　　　　　　　113001135

新自然主義